島田秀平が
3万人の手相を見てわかった！
「金運」の鍛え方

島田秀平

SB新書
455

金運って、なんだろう？

運についてて知りたいことがありますか？
と聞くと、みなさん、
金運
と、答えます。
もっとお金があったらいいなといいます。
だったらお金が好きなんですね？
と聞くと、
別にお金が好きなわけではない
といいます。

人は、自分のことが嫌いだという人を
好きになれませんよね。
お金だって、自分のことが嫌いだという人を
好きにはなれません。

お金は、お金が好きな人にやってくる
だから金運を上げる第一歩は、
お金大好き！
って、いうことから。

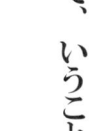

これまで3万人の手相を見てきた僕には、
確実にいえることが一つだけあります。

それは、**金運に恵まれる**人たちは、
ある習慣や行動、考え方が
共通しているということ。
お金大好き!っていうことも、その一つ。

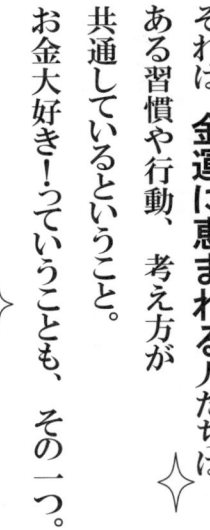

あの大物芸能人も
宝くじの高額当選者も
大きな会社の社長さんも
みんなに共通する**金運の秘訣**。
あなたがうまくいかないのは
それを知らないだけ。

さあ、一緒に、最強運気の持ち主が実践する
「金運の鍛え方」を見ていきましょう！

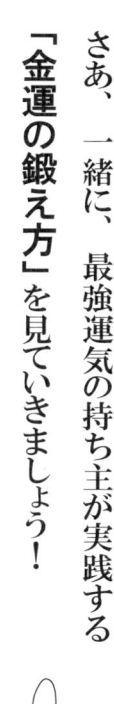

もくじ

1章 「金運」って何だろう？
――お金の運気のしくみ

2章

金運を上げる仕事術

――「いい仕事」がいいお金を招く

3章
ご縁が金運を呼び寄せる
――「人に愛される人」は、お金にも愛される

4章
金運アップの作法
――「見えない力」を味方につける

5章 手相が示す、あなたの金運
——自分を知れば、金運は高まる

1章

「金運」って何だろう？

——お金の運気のしくみ

◉「金は天下の回りもの」——お金は、お金の流れをつくる人に回ってくる

お金って、不思議なものです。

自分のところに入って来ては出て行く。「物」と違って**お金は、つねに動いています。**考えてみたら、これほど流動的に、自分のものになったり人のものになったりするものって、ほかにはない気がします。

「金は天下の回りもの」というとおり、お金は、世の中をつねにグルグルと回っています。そのなかでも、できるだけ、自分のところにたくさん入ってきてほしい。誰もが、そう願っているのではないでしょうか。

お金があれば、好きなことができるし、好きなものを買うこともできます。大切な人を守ることもできるでしょう。たくさん入ってくれば、たくさん、世の中に回して

いくこともできます。

人生のすべてとはいいませんが、あればあるほど助かるし、人生をより豊かにしてくれるもの、それがお金であるという点には、誰も、異論はないでしょう。


では、そんなお金にまつわる運、「金運」は、どうしたら高められるのか？

そう考えてみると、金運アップで有名な神社に行くという以外にも、僕たちにできること、もっと大事なことがあるように思います。

そもそも、**「運」は「運ぶ」もの。**「なんかいいことないかな～」と、じっと幸運を待つのではなく、**みずから積極的に動くこと、いろいろな場所や人の元へと自分自身を「運ぶ」ことで、巡ってくるもの**です。

運気にもバイオリズムがあり、周期的に上がったり下がったりしています。

でも、たとえ運気が上がっている時期でも、自分から何もしなければ、せっかくのチャンスを取り逃がしてしまうものです。

運気のいい時期とは、「何もしなくてもツイている時期」ではなく、「自分にとっていい巡り合わせが訪れやすい時期」ということ。金運でいえば、**「日々の行いが、お金に結びつきやすい時期」**ということです。

そんな運気の流れを生かし、運を本当につかめるかどうかは、自分の意識や行動次第なのです。

みずから積極的に動くと、いろいろなモノ、コトとのご縁がつながります。

そしてご縁は、多くの場合、お金にも結びついているものです。

このように、**自分の行動を起点としたお金の流れを、一つでも二つでも多くすることで、結果、自分のところに回ってくるお金も増えていく。**

「金運が上がる」というのは、まさしくこういうことなのです。

「お金が欲しい、欲しい」とただ願うのではなく、たとえば、いい仕事をする、いい人付き合いをする。

自分の好きなことや得意なことで人の役に立ったり、人を喜ばせたりする。

お金とは、そういうことを積み重ねた結果として、「ご褒美」のように後からついてくるものなのです。

◉金運アップの第一歩は、「お金が大好き」と認めること

金運は、いい仕事や、いい人付き合いにともなって上がっていくもの。

これから、僕が出会ってきた方々のエピソードなども交えながら、金運が上がる仕事術や人付き合いの方法をお話ししていきたいと思います。

金運が上がる人に共通する意識や姿勢として、まずいえるのは、**お金に好かれる人は、「自分はお金が好きだ」と認めている**ということ。

日本人の間では、まだまだ「お金は汚いもの」という考え方が根強く残っているのではないでしょうか。

「お金のことを話すのは下品」「子どもの前ではお金の話はしない」「清く貧しく＝清貧の精神こそ美しい」――そういった感覚が色濃いように思います。

でも、お金はありがたいものには違いありません。心の底では、誰もが欲しいと願っているはずです。

それなのに、表向きではお金の話を避けようとする。「お金なんて欲しくない」「お金よりずっと大事なものがある」といってみたりする。考えてみれば、不思議です。

たしかに、お金より大事なものはあるでしょう。お金だけを追い求めるようになったら、人としてどうなのかな、とも思います。

ただ、「欲しくない」というのは、どう考えても建前です。みずから貧しくなりたいと思っている人なんて、おそらくいないだろうからです。一皮むいてみれば、みんなお金が大好き――これが、正直なところでしょう。

だったら、**「お金、大好き」と認めてしまえばいいし、もっとフランクにお金の話をしてもいい**と思うのです。

実際、事業で成功した人、それもワクワクと楽しんで成功した人ほど、お金に対するタブー感が薄いものです。

ちょっとした会話のなかでも、お金の話題が躊躇《ちゅうちょ》なく出る。かといって、がめつい感じや下品な感じにはならない。きっとご本人たちに、「お金は汚いもの」という意識がないからなのでしょう。

根っから「お金はいいものだ」と信じ、「自分はお金が大好きだ」と素直に認めていれば、どう話しても後ろ暗い雰囲気にはなり得ないというわけです。

お金は、人と似ているところがあると思います。

誰も、自分を悪くいう人には近寄りたくありませんよね。お金も同じで、たとえ建前であっても「お金は汚い」「欲しくない」なんていっている人のところには、寄ってきません。

金運を上げたかったら、まず「お金の悪口」をいわないこと。

はばかることなく**「大好きだから、たくさんきてね」という姿勢で暮らすことが、お金に好かれる第一歩**なのです。

◉「徳」を積む人には、お金のチャンスが巡ってくる

何事も、最初は、うまくいかないことが多いものです。

たとえば新入社員として会社に入って、いきなりスター社員になれることは稀でしょう。芸能界でも、急にブレイクする人はいますが、じつはそれまでに、長い下積み生活があったりするものです。

「あの人みたいになりたい」「あんなふうに成功したい」と願うのはいいと思いますが、その域に達するには、コツコツがんばることが一番。

ときに一発逆転できることはあっても、努力の積み重ねなしの逆転劇では、やっぱり長続きしないのではないかな、と思います。

だから、とにかく自分が進みたい道で努力をする。芸能界の大先輩たちにも、こちらから見たら「すごいな」と思ってしまうような努力を、大した努力とも思わずに続

けていらっしゃる方がとても多いと感じます。

努力を大変と思わずに続けられるのも、じつは才能のうち、といってもいいのかもしれません。

と同時に、**仕事とは関係のないところで、日ごろから「徳」を積むことも大事**なのです。


あるベテラン芸人さんの話です。

その方は、芸歴でいえば、僕なんかよりもはるかに長いのですが、ずっと表舞台とは無縁の人生でした。それがあるとき、急に注目を浴びて、みるみるうちに売れっ子となったのです。

長年の努力が実を結んだ。それもそうなのでしょうが、ご本人とお話ししてみて、もう一つ、この劇的な成功につながったと思われる事実を知りました。

「長年、芸人をやってきたけれど、まだぜんぜん人様に貢献することができていない。このままでいいのかなと悩んでしまうが、悩んでいても仕方ない。せめて小さなことから、社会のためになることをしよう」。

そう考えて、その方は、毎日通る商店街で、タバコの吸殻を10本以上拾うことを「自分のルール」としたそうなのです。ブレイクしたのは、そのルールを設けて、しばらく経ってからのことでした。

偶然の一致といってしまえば、それまでかもしれません。

でも、運は「いい気」のあるところに寄ってくると、よくいわれます。そう考えると、その方がちょっとした善行を続けたこと――いわば**「徳」を積み重ねたことが、ブレイクを招き、金運を上げる一つの原動力になった**ように僕には思えるのです。

善行、徳といっても、大きなことである必要はありません。

小さくとも、自分ができる範囲でずっと続けられることを「自分ルール」として、きちんと実践し続ける。お金の運も、そういう「いい気」を発している人のところに、自然と吸い寄せられてくるのです。

◉「お金との付き合い」は、「人付き合い」と同じ

お金に好かれたいと願うのなら、「どうやったら『人』に好かれるか」に置き換えて考えてみるのも一つの方法だと思います。

ちょっと考えてみてください。

人に好かれる人って、どんな人だと思いますか？

- 明るい人
- 笑顔の素敵な人
- 人の悪口をいわない人
- 嘘偽りのない人
- ズルをしない人

・人を大事にする人

たとえばこんなふうに、人に好かれる人の条件をそのまま当てはめて、お金とも付き合ってみると、どうでしょう。

・明るくお金と付き合う
・笑顔でお金と付き合う
・お金の悪口をいわない
・お金に関して嘘偽りなくする
・お金でズルを働かない
・お金を大事にする

もし自分がお金だったら、やっぱり、こういう人のところに引き寄せられてしまいますよね。

お金に好かれる人は真摯に付き合う

人に好かれるようなことをすると、人だけでなく、お金にも好かれる。

そう考えて、人付き合いという視点から、お金との付き合い方を考えてみるのもいいでしょう。

◉子どもが小さなころから「お金教育」のすすめ

子どもがいる親なら、「子どもには、なるべくお金の苦労はさせたくないな……」というのが心情ではないでしょうか。

ところが、先にも触れましたが、日本人には、どこかお金を「汚いもの」ととらえる節があります。

そのためなのか、子どもにも、あまりお金の話をしません。

「お金は、酸いも甘いも噛み分けた大人の世界の話。無垢《むく》な子どもは知らなくてもいいこと」という感じではないでしょうか。

その点、欧米は、だいぶ勝手が異なるようです。

たとえば、アメリカの高名な投資家、ジム・ロジャース氏などは、自分の娘が幼いころから、お金の使い方やお金との向き合い方を教えたといいます。

それは『人生と投資で成功するために――娘に贈る12の言葉』という本にもまとめられています。

ジム・ロジャース氏のみならず、欧米では、「子どもにお金の話はタブー」という観念がないようです。むしろ、**お金に強い人になるために、早々にお金の教育を授けたほうがいい**という感覚が強いと聞きます。

僕は日本人ですし、日本人が美徳としているものは、たいていは世界に誇れるくらい、素晴らしいものだと感じています。

ただ一つだけ、お金を「汚いもの」のようにとらえる点だけは、どうなのかな……と思ってしまいます。

あまりガツガツしない奥ゆかしさや、他者に譲る気遣いなどの表れなのかもしれませんが、奥ゆかしさや気遣いを保ちながらも、お金を「いいもの」としてとらえることはできるでしょう。

「お金、大好き」と認めた人は、お金に好かれるもの。我が子にお金の苦労をさせないためにも、やっぱりお金の話をタブーとしないで、できるだけ早くから、お金のことを教えてあげたほうがいいのではないでしょうか。

事業や投資のことは置いておいても、少なくとも、お金の大切さや、いいお金の使い方は、自身の経験から伝えることができるはずです。

子どもが小学生くらいになったら、思い切って夏休み1ヵ月の家計の管理を子どもに任せてみる、なんていうのもいいかもしれません。

スーパーで支払う食費などを通じて、子どもはモノの値段を知ることになるでしょうし、限られたお金をやりくりする大変さから、お金の大切さを学ぶでしょう。

そのなかで、家族のために家計を管理し、さらには、働いて家族を養っている両親への感謝も、より深くなるに違いありません。

小学校の授業にお金の授業があればいいのに、と思います。国語、算数も大切ですが、それ以上に、金銭感覚を教えることは人生にとってとても大切なのです。

◉金運が下がったら、運動で運を動かす！

「運」は「運ぶ」もの。転じて、自分から動くことでつかめるもの。「動く」というのは「行動を起こす」ということですが、もっと単純に**「体を動かす＝運動をする」**ということにもつながっています。

「欧米のエグゼクティブに太っている人はいない」とよくいわれます。太っている人は「自己管理ができない人＝優秀ではない人」と見なされるから、みな体を鍛えるのだそうです。

日本でも、僕が出会ってきた企業経営者などの成功者には、「トライアスロンをやっています」「フットサルチームを持っています」「毎朝、最低10キロは走っています」などなど、やはり運動習慣のある人が多く見られます。

運動は、漢字で「運を動かす」と書きます。

体を動かすことで、運を動かすことができる。運をつかむことができるとも読めるわけです。真実は漢字に隠れている……といったら大げさかもしれませんが、言葉とは本当によくできているものです。運がよくない、停滞している、流れを変えたいと思ったら、読んで字のごとく運動してみてはいかがでしょうか。

もちろん、自分から行動を起こすことも金運アップの秘訣です。

お金は、世の中をぐるぐると回っているものです。

ということは、家でじっとしていても、お金は自分のところに回ってこないということ。どれほど優秀なサーファーでも、とにかく海辺に出かけてみないことには、いい波をつかまえられない。それと同じことです。

「やってみたいな」と思ったらやってみる、どこへでも気軽に出かけてみる、人からのお誘いには乗ってみる。こうした**フットワークが軽い人ほど、お金に好かれる**といっていいでしょう。

また、運のいい人は、もともと「自分は運がいい」と信じています。運がいいか

お金は動く人についてくる

ら、「自分は運がいい」と思うのは順序が逆で、「自分は運がいい」と信じているから、運がよくなるようなのです。

金運も同じで、**「自分は金運がいい」と信じていると、お金が回ってくる。お金は信じてくれる人のところに、寄ってくる**もの。これも、なんだか人付き合いに似ていますね。

だから、「ちょっと金運が下がっているかも……」というときには、「自分は金運がいいんだ」と信じて、そのうえで運動習慣を取り入れてみたり、行動力を高めたりするといいでしょう。

◉一つだけ、高級品を身につけてみる

成功者は、どんなお金の使い方をしているのでしょう。

まず一つ真似ができるかなと思うのは、「何か一つだけ、高級品を身につける」ということです。**スーツ、カバン、時計、靴——。長く使うもので、かつ自分の仕事に関係するものであれば、なおいい**と思います。

僕の場合は時計です。

以前、漫才コンビで挫折《ざせつ》し、迷った末に「手相芸人」として何とか走りだしたころ、僕は、安物の時計をしていました。「時計には興味ないし、時間さえわかればいい」なんて考えも、頭のどこかにあったかもしれません。

ところが、あるときバナナマンの設楽統《したらおさむ》さんに、こうたしなめられたのです。

「俺たち芸能人は、スケジュールで動いている人間だ。**いい時を刻むことが、いい仕**

事につながる。そのためには、いい時計をつけていたほうがいいんじゃないか?」

たしかに、そうだなと思いました。ふと設楽さんの手首に目を向けると、さすが、素敵な高級時計をされています。そして単純な僕は、さっそく設楽さんの真似をして、自分に買えるなかで一番高級な時計を買うことにしたのです。

芸能人は、ときには分刻みで動くこともあるため、1日に数え切れないくらい時計を見ます。それが、いつ壊れるかわからないような時計なのか、一生、大事に使いたいと思える時計なのかで、時間に対する意識も大きく変わった気がします。

時間を大切に使おう。

仕事の時間を充実させるとともに、家族との時間も大事にしよう。

人の時間にも、もっときちんと目配りしよう。

限られた時間のなかで精一杯の力を発揮して、より多くの人を喜ばせられるようになろう。

そんな気持ちが、ますます強くなったように思えるのです。そうなってみると、

「いい時を刻むことが、いい仕事につながる」という設楽さんの言葉が、いっそう身にしみました。

僕が手相のみならず、都市伝説や怪談でも、イベントや番組に呼んでいただけるようになった影の立役者は、「いい時計」だったといってもいいかもしれません。

何の高級品を身につけるかは、仕事によって異なるでしょう。

外回りの多い営業職の人だったら「靴」かもしれませんし、打ち合わせでメモをよくとる企画職の人だったら「ペン」かもしれません。

何であれ、自分が仕事でつねに接しているものを、一つだけ、自分の手の届くくらいの高級品にしてみる。

見るたびに気分が上がる、「ちょっといいもの」を身につける。

これなら、今はお金持ちでなくても、取り入れやすいのではないでしょうか。

◉お金は「何となく」使わない

金運が上がるかどうかは、「お金の使い方」でも左右されます。

いいお金の使い方をすれば金運は上がるし、悪いお金の使い方をすれば金運は下がる。単純ですが、そういうものです。

では、お金の使い方のよし悪しは、どう判断したらいいでしょう？

これも単純な話です。自分が「使ってよかったな」と満足できれば、いいお金の使い方をしたということ。反対に「無駄遣いしちゃったな」と後悔したら、悪いお金の使い方をしてしまったということ。

つまり、**自分が「よかったな」と思えるようなお金の使い方をするほど、金運は上がる**というわけです。

一番よくないのは、「何となくお金を使うこと」。

さっきもいったように、「無駄遣い」は、たしかに、いいお金の使い方とはいえません。ただ、少なくとも「無駄遣いした」という自覚があれば、自分の学びとすることはできるでしょう。

無駄遣いをきっかけに、「衝動買いはやめよう」「もっと、こういうところを見て、買うかどうか判断しよう」といった自分の基準がより明確になると考えれば、無駄遣いも、いいお金の使い方ができるようになる一つのプロセスといえます。

ところが、**何となくお金を使うと、後悔や反省といった自覚、学びの機会すら得られません。**

1週間前は、お財布のなかに2万円入っていたはずなのに、今日は千円しかない。あれ、どこで使ったんだっけ……? もし、こんなふうに思うことが多いとしたら、お金との付き合い方を、根本から見直したほうがいいでしょう。

「何となくお金を使う」とは、お金を使うときも、使った後も、「何も考えない」「お金を一顧だにしない」ということ。

誰だって、**自分を少しも顧みてくれずに消耗するだけの人とは、一緒にいたくありませんよね**。お金だって、同じです。**「考えなしの金遣い」は、お金を遠ざける習慣**と言い切ってしまってもいいでしょう。

周囲のお金持ちの人たちを見ていても、「何となくお金を使っていない」という点は、ほぼ例外なく共通しています。

彼らは、お金がたくさんあるから、こちらがびっくりするくらい、豪胆《ごうたん》にお金を使うこともしばしばです。でも、そこには必ず、ちゃんと「考え」「意志」があるように見えるのです。

お金が大好きだから、真剣に考え、大事に扱う。といっても、自分のところに貯め込むのではなく、「よし、これだ」というモノやコトにはドカンと使う。

お金持ちがずっとお金持ちでいられる一つの原理は、こういうお金の回し方にもあるのでしょう。

◉〝生き金〟〝死に金〟を意識すれば、いいお金の使い方ができる

日々、何となくお金を使うのではなく、無駄遣いを減らし、自分が「使ってよかったな」と思える使い方をする。これをしっかり根付かせるために、おすすめしたいのが**「生き金・死に金手帳」**です。

何やらおおごとに聞こえるかもしれませんが、使ったお金を記録していくだけ。ただし、使い方によって、色を分けます。

「使ってよかったな」というのは「生き金」として黒で記し、「無駄遣いしちゃったな」というのは「死に金」として赤で記していくのです。

このように、お金の使い方のよし悪しが可視化されることが、「生き金・死に金手帳」の一番の効能です。

今までは漫然と使っていたようなことにも、「これは生き金か、死に金か」という

お金をイキイキさせる

意識が向くようになるでしょう。結果として、何となくお金を使うことも、無駄遣いも減っていくというわけです。

もし、この手帳が真っ赤になったら、悪いお金の使い方ばかりしているということ。

それで金運が下がってしまってはたまりませんから、**手帳を真っ赤にしないように、いいお金の使い方を、いっそう心がけるようになる**はずです。

たとえば、あまり気の進まない飲み会に誘われたとしましょう。

「死に金になるな」と思ったら断るの

も一つの方法ですが、相手などによっては、断れない場合もあると思います。それに、「運は体を運ぶことで向いてくる」という意味では、人の誘いには乗ったほうがいいと考えることもできます。

こうして、「行く」と決めたからには、そこで使うお金を「生き金」にしようと心がけること。

となれば、積極的に人と話して、何かしらつかんで帰ろう、いい気分で帰れるように、楽しい話をしよう、といった発想も働くはずです。

「生き金・死に金手帳」をつけ始めると、自分のお金の使い方を把握できるとともに、今後、**使うお金はぜんぶ「生き金」にしてやるぞ、という明確な意志が働くようになる**のです。

この積み重ねで、どんどんお金の使い方が磨かれていけば、自然と金運も高まっていくのです。

2章

金運を上げる仕事術

――「いい仕事」がいいお金を招く

◉成功者は「座右の銘」をもっている

金運は、自分から行動を起こすことで上がるもの。きっと、「いい仕事」をするというのも、その一つに違いありません。

「いい仕事」といっても、成果重視、業績重視とは限らないと思います。成果や業績を追い求めることも必要ではあるものの、それだけでは、息長く仕事で成功し続けるのは難しいでしょう。

どんな仕事も人と人との間のこと。

やはり**人としてのあり方、意識、姿勢といったものによって、仕事を通じて金運を上げることができるか、下げてしまうかが分かれる**と思うのです。

僕はテレビやラジオの仕事で、勢いのある企業の経営者さんなど、世にいう「成功者」の方々とお話しさせていただく機会が、多くあります。

とくに意識していたわけではないのですが、あるとき、ふと彼らには一つ共通する点があることに気づきました。

その**共通点が、「座右の銘」があること**だったのです。

「必ず笑って仕事をする」

「お天道さんがいつも見ているから、お天道さんに恥ずかしいことはしない」

「何事にも一生懸命」

などなど、座右の銘そのものは人によって違いますが、**みな「これが私の座右の銘です」と即答**できる。これは、言い換えれば「自分なりの信念をもって仕事をしている」ということだと思います。

信念のある人は強いし、決してぶれることなく、自分の信じるやり方で仕事をまっとうできます。判断や決断を迫られたときにも、自分の信念に沿うかどうかを基準として、素早く決められます。

こうして、ブレることなくスピーディに仕事をこなせる。それが人からの信頼につながり、一つの仕事が次の仕事、その仕事がさらに次の仕事を引き寄せるという好循環を生み出します。

信念をもって仕事をすることが、継続的にいい仕事をしていく土台になるというわけです。

そして、継続的にいい仕事ができるというのは、当然ですが、継続的にいいお金が入ってくるということ。仕事を通じたお金の運は、まず一つ、「信念のあるところに向いてくる」といっていいでしょう。

ちなみに僕の座右の銘は、次の二つ。どちらも、父親が遺してくれたノートに記されていたものです。

- **「働く」とは、「ハタをラクにすること」である**
- **迷ったときは、家族が喜ぶほうを選ぶ**

あなたの座右の銘は、何ですか？

すぐに思いつかなければ、じっくりと考えてみてはいかがでしょうか。

◉目標は具体的であるほど、実現しやすい

プロ野球で大型新人としてならし、今ではメジャーリーグで活躍している大谷翔平選手。彼が高校時代に書いたという「曼荼羅《まんだら》チャート」が話題になったのは、記憶に新しいところでしょう。

9マスに分かれたチャートが3列×3行の合計九つ。

真ん中のチャートの中心には「ドラ1　8球団（8球団からドラフト1位指名をもらう）」と書き込まれ、周囲のマスには、「体づくり」「人間性」「メンタル」など、中心にある「ドラ1　8球団」に必要な事柄が書き込まれています。

さらに周囲のチャートには、真ん中のチャートに書かれた事柄に必要な事柄が、さらに細かく書き込まれています。

大谷翔平選手の曼荼羅チャート

体のケア	サプリメント を飲む	FSQ 90kg	インステップ 改善	体幹強化	軸を ぶらさない	角度をつける	上から ボールを たたく	リストの 強化
柔軟性	体づくり	FSQ 130kg	リリース ポイント の安定	コントロール	不安を なくす	力まない	キレ	下半身主導
スタミナ	可動域	食事 夜７杯 朝３杯	下肢の強化	体を開かない	メンタル コントロール をする	ボールを 前で リリース	回転数アップ	可動域
はっきりと した目標、 目的を持つ	一喜一憂 しない	頭は冷静に 心は熱く	体づくり	コントロール	キレ	軸でまわる	下肢の強化	体重増加
ピンチに 強い	メンタル	雰囲気に 流されない	メンタル	ドラ１ ８球団	スピード 160km/h	体幹強化	スピード 160km/h	肩周りの強化
波を つくらない	勝利への 執念	仲間を 思いやる心	人間性	運	変化球	可動域	ライナー キャッチ ボール	ピッチングを 増やす
感性	愛される人間	計画性	あいさつ	ゴミ拾い	部屋掃除	カウント ボールを 増やす	フォーク 完成	スライダー のキレ
思いやり	人間性	感謝	道具を 大切に扱う	運	審判さん への態度	遅く 落差のある カーブ	変化球	左打者 への 決め球
礼儀	信頼される 人間	継続力	プラス思考	応援される 人間になる	本を読む	ストレート と同じ フォームで 投げる	ストライク からボールに 投げる コントロール	奥行きを イメージ

たとえば「メンタル」の横にあるチャートの中心には「メンタル」と書かれ、その周囲のマスには「波をつくらない」「勝利への執念」「仲間を思いやる心」などと書き込まれている……といった具合です。

これは、大谷選手が花巻東高校の1年生だったころにつくったチャートとして知られています。「プロ野球選手になる」という目標達成のために必要な事柄（計80個！）を整理したものが、この曼荼羅チャートというわけです。

なかでも、「手相芸人」として活動している僕としては、「ドラ1　8球団」の条件の一つとして「運」と書き込まれているところに目が行ってしまいました。

では「運」に必要な事柄としては何が書き込まれているかというと、「あいさつ」「ゴミ拾い」「部屋そうじ」「審判さんへの態度」「本を読む」「応援される人間になる」「プラス思考」「道具を大切に使う」の八つ——びっくりしました。

高校1年生といえば16歳前後。その時点で大谷選手は、**「徳を積むと運がつく」**ということを理解していたと思われるのです。コーチや親御さんなど、周囲の大人の方々が、そのように教えたのかもしれません。

さらに高校3年生では、大谷選手は、18歳から60歳までの人生を書き出した「人生の目標シート」も作成しています。

曼荼羅チャートと人生の目標シート。大谷選手の華々しい活躍は、この二つがあってこそのものと考えてもいいかもしれません。

具体的な目標設定をして、確実に成し遂げた人物としては、メジャーリーガーのイチロー選手や、サッカー選手の本田圭佑選手も有名です。

おふたりとも、「将来はプロ野球選手」「将来はサッカー選手」と書いた小学校の卒業文集が知られています。

「10代前半で、すでに人生の目標を定めていたんだ」ということ以上に、よくよく読んでみると驚かされるのが、やはり、書かれていることが、いちいち具体的という点です。

抜粋すると、「激しい練習をしているから、1週間で友だちと遊べるのは5、6時間」「入る球団は中日ドラゴンズか西武ライオンズ」「ドラフト入団で契約金は1億円以上が目標」と書いたのはイチロー選手。

「Wカップで有名になったら、ヨーロッパのセリエAに入団し、レギュラーになって10番で活躍する」「1年間の給料は40億円」「Wカップでは10番で日本チームの看板となり、ブラジルに2対1で勝ちたい」と書いたのは本田選手です。

ご覧のとおり、かなり具体的ですよね。

それも「お金」についてまで、「たくさん」などではなく**「1億円」「40億円」と明確な金額**が書かれています。ここからも、目指す世界で活躍している自分の姿が、はっきりとイメージできていたことが窺われます。

小学生の「将来の夢」というと、ただ「なりたい」というものが多いのではないでしょうか。

でも、イチロー選手も本田選手も、小学校卒業の時点で、ただ「なりたい」だけでなく、「そうなった自分の姿」を明確に描いていました。それは、ぼんやりとした「夢」ではなく、すでに実現することを見据えた「目標」だったのでしょう。

大谷選手にせよ、イチロー選手にせよ、本田選手にせよ、具体的に描いた目標を達成できたのは、彼らが天才だったからだ。そんなふうに片付けることもできるかもしれません。

ただ、どれほど才能のある人でも、「何になりたいか」「どうなりたいか」が明確でなければ、能力の持ち腐れとなってしまうに違いありません。

「なりたい自分」がはっきりしていればいるほど、脳は、「そうなる」ように働き始めるといいます。

だとすれば、天才だって凡人だって、目標は具体的であるほど、達成しやすい。「なりたい自分」になって、お金がたくさん巡っているようにするのも、まず、自分がどれだけ具体的に、「なりたい自分」のビジョンをもっているか。そこにかかっているのです。

◉仕事で大切な「プラス1」の心がけ

以前、敏腕プロデューサーの方と話をしていて「だから、この人は『売れる番組』を作れるのか〜！」と納得したことがあります。

その方は、**「人にものを尋ねるときには、まず自分から一つ提示すること」**を日ごろ心がけているそうです。

たとえば、「おいしいイタリアンレストラン、知りませんか？」と人に尋ねるときには、「僕は、渋谷のトラットリア◯◯が好きなんですけど」などと、先に自分から一つ提示する。

質問に「プラス1」するということです。

すると、「じゃあ、表参道の△△はご存知ですか？　おすすめですよ！」といった具合に、すんなり欲しい情報が手に入ることが多いというのです。

これは、おそらく、自分から先に一つ情報を提示することで、相手の思考が刺激されるからなのでしょう。

「プラス1」は、このように事前に示すこともできますが、後から示す「プラス1」というのもあります。

これは僕自身の話なのですが、番組で芸能人の方の手相を見せていただく際には、手相の見立てを数枚の紙に事前にまとめておいて、収録後にお渡ししています。「鑑定書」と呼べるほど立派なものではないのですが、収録でお話しする以上のことは書くように心がけています。

そうするようになったのは、じつは僕サイドの切実な事情があったからです。

番組の目的は、テレビの前のみなさんを楽しませること。そのための、いわば「見本」として、芸能人の方の手相を見せていただくので、個人的に込み入った話になるのは、「手相芸人・島田」としては本意ではありません。

そこであるとき、「今日は収録で、けっこうおもしろおかしくお話ししちゃいますが、すみません。でも後で、もっとちゃんとしたものをお渡ししますので」と、ひと言、断りを入れたうえで収録に入るようにしてみたのです。

すると、以前より格段にスムーズに、お茶の間を楽しませられるくらいの軽さで、手相を見せていただけるようになりました。しかも、後から手相の見立て書をお渡しすると、みなさん、すごく喜んでくださいます。

このように、僕が実践している**「後からのプラス1」**には、「自分自身が仕事上進めやすくするため」という事情がありました。

ただ、みなさんに予想以上に喜んでいただけるのを目の当たりにして、仕事後のフォローの大事さに気づき、学べたように思います。

◉自分の「ブレイクスルー習慣」を持つ

脚本家の三谷幸喜さんは、原稿で行き詰まるとシャワーを浴びるそうです。全身にお湯を浴びてスッキリし、髪の毛をタオルで拭いているときに、ふといいアイデアが浮かぶ……ということが多いとおっしゃっていました。

これには、おそらく「原稿について、いつもいつも、死ぬほど考えている」という大前提があるとは思うのですが、「三谷さんのシャワー」のように、**何かしら自分の「ブレイクスルー習慣」をもっておく**のもいいかもしれません。

一つのことにフォーカスしすぎていると、いつの間にか思考が固定化してしまうものです。アイデアが浮かばない、作業が進まない、何をやってもうまくいかないといった行き詰まりを感じるのは、たいていそういうときでしょう。

そこで、目の前のフォーカスしていたものから、いったん離れてみる。ぐっと入り込んでいたものを、少し俯瞰的《ふかんてき》に、客観的に見てみる。
すると、思いもつかなかったアイデアが浮かんだり、急に作業が進みだしたり、物事がうまくいったりすることも多いものです。

いったん目の前のものから離れられるのであれば、何でもいいと思います。三谷さんのようにシャワーを浴びるというのも一つでしょうし、散歩してみる、ペットと触れ合ってみる、お茶を飲む……などなど、自分にとって、いつでも実践しやすいものを取り入れてみるといいでしょう。

あるいは、**瞑想するというのもいい**かもしれません。コツを覚える必要はありますが、少しの時間さえ確保できれば、いつでもどこでも実践できます。

最近は、社員の就業時間中に瞑想をとり入れる企業が増えているようです。**企業経営者にも、瞑想の習慣をもっている方は多い**と聞きます。

瞑想では、自分の深い内側へと目を向けます。雑念がとり払われ、高ぶった神経が休まることから「究極のリラックス習慣」ともいわれています。

瞑想で焦りや雑念から解放されることで、頭が冴え渡り、発想力や創造力が働きはじめる、といった効果もあるといいます。多くの企業や経営者が瞑想をとり入れているのも、そうした効果を実感できるからなのでしょう。

ブレイクスルーを得るには、つねに、そのことについて考えていること、言い換えれば「アンテナを張っておくこと」が重要なのはいうまでもありません。

ただ、あまりにも考えすぎると視野が狭くなって、思考が袋小路にはまってしまい、外界にある有益な情報や、自分の内側にあるアイデアのタネに気づくことができません。アンテナが鈍くなってしまうのです。

「ちょうどいい情報が目に飛び込んできた」「ふといいアイデアが浮かんだ」というのは、**「考えながらも、どこか余裕のある状態」**で起こるもの。

「ブレイクスルー習慣」とは、行き詰まったときこそ、心と頭に「遊び」をつくるための習慣といってもいいでしょう。

◉相手の期待を「1枚上回る」

自分の予想や期待を上回るものを目の当たりにすると、素直に「すごい！」と感動しますよね。

もし仕事で人を「すごい！」と感動させることができたら、かなりの確率で「またこの人にお願いしたい」となるでしょう。

それは、何も、「ものすごいこと」をしなくても起こるものだと思います。

10のことをいわれて、10のことをする。これは当たり前ですが、11のことをしたら、とたんに「すごい！」となるはずです。**相手の予想や期待を、ほんの1枚、上回ることをするだけで十分**なのです。

ここで、**がんばりすぎるのは得策ではありません。**

10のことをいわれて、20のことをしようとしたら、きっとどこかで無理が生じて、もともといわれた10のことすら、きちんとできなくなってしまうでしょう。

仮に20のことができたとしても、相手が引いてしまったら逆効果です。「こんなにやってくれちゃって、何か申し訳ないな」などと恐縮させてしまったり、「何かウラがあるのかな」などと警戒させてしまったりするかもしれません。

あるいは、20のことをするのが、その先も暗黙の了解のようになってしまう危険性もあります。最初にがんばりすぎたことが当たり前になり、そのせいで自分が疲れ果ててしまっては、元も子もありません。

だから、相手の予想や期待を「1枚上回ること」。

大幅に上回るのではなく「ほんの少し」だけ、ただし「効果的に」上回ることができればいいのです。


では、どうしたら「効果的に上回ること」ができるでしょう?

当たり前の話かもしれませんが、**何をしたら相手がより喜ぶか、より助かるかを考えてみるのが一番**です。

ほんの少しの積み重ねが大きなリターンになる

相手が喜んだり、助かったりすることでなくては、その1枚は「予想以上」「期待以上」ではなく、「予想外」「期待はずれ」になってしまいます。そうなったら、1枚分がんばったかいがありません。

相手の予想や期待を、1枚だけ上回ることをする。こうして小さなことで大きな効果を得るのは、相手への気遣いや想像力があってこそ、と考えておくといいでしょう。

◉「厄年」は「役年」、大切な役目を果たす年

「厄年《やくどし》」というと、厄災《やくさい》に見舞われやすい年というイメージですよね。「厄」の字からして、いかにも悪いことが起こりそうな予感がしてしまいます。

だから、厄年では、いつも以上に身のまわりのことに気をつけようと考えますし、なかには厄祓《やくばら》いをしている、という人もいることでしょう。とくに女性は、前厄《まえやく》と後厄《あとやく》も入れると、30代は厄年だらけ……なんて嘆いている人も多いかもしれません。

でも厄年は、じつは、そこまで忌《い》み嫌うべきものでもありません。

というのも、**「厄年」は、もともと「役年」だったといわれているから**です。

昔むかし、人々は村や集落といった小さなコミュニティで暮らしていました。

そこで毎年、持ち回りで氏神様《うじがみさま》のお世話をしていたのですが、そのお世話をする役目を担う年を「役年」と呼んでいた——という説があるのです。

「役年」は、神様のお世話という大切なお役目を果たすべき年。だから悪いことや変なことはしないように、普段よりいっそう、みずからを戒《いまし》めなくてはいけません。

それなのに、もし怠《なま》けるとか、人を騙すとか、神様に恥ずべきことをしたら、バチが当たるかもしれない。そんな畏怖《いふ》の念から、「役年」が転じて「厄年」となったとも考えられます。

このように、もともとは「大切なお役目のある年」という意味だったと考えると、ちょっと厄年の見方が変わってきませんか。今は氏神様のお世話をするということはありませんが、神様を世間様や周囲の人と置き換えてみると、どうでしょう。

厄年は役年。世間様や周囲の人に対して、何か大切なお役目を果たす年だと考えてみたら、もっと前向きに生きられる気がします。

厄年こそ、周囲の大切な人や自分自身にも恥じないよう、精一杯、生きること。目の前のものに一生懸命とり組めば、そこでがんばったことが、あとあとの年に大きく実を結ぶはずです。

闇雲に厄災を恐れるより、「何かしら大事な役目を果たす年」「後年の大飛躍の種まきをする年」と考えたほうが、ずっとおもしろいし、自分を人様のために活かすこともできるでしょう。

男性の厄年は、数え年で25歳（実年齢で24歳）、42歳（大厄。実年齢で41歳）、61歳（実年齢で60歳）。

女性の厄年は、数え年で19歳（実年齢で18歳）、33歳（大厄。実年齢で32歳）、37歳（実年齢で36歳）、61歳（実年齢で60歳）。

それぞれ前年が前厄、翌年が後厄です。

ここで興味深い話があるのですが、**俳優さんの間では、「厄祓いはしない」のが通例になっているそうです。**

なぜなら、俳優さんは「役」を演じるのが仕事であり、厄祓いをすると「役」が離れてしまう、つまり仕事がなくなってしまうから。

単なる語呂合わせかと思いきや、「厄」ではなく「役」ととらえている点で、むし

厄年ほど大切に過ごす
「厄年」は「役年」…
お役目務めさせていただきます

ろ、こちらのほうが本来的な意味に近かったのですね。

しかも、俳優さんの間では、「厄年、それも大厄の前後にブレイクする」という言い伝えがあるといいます。

これは哀川翔さんからお聞きした話なのですが、哀川さんご自身は43歳、本厄の2年後に「ゼブラーマン」に出演されました。

それまでにも「Vシネマの虎」として名を馳せていましたが、哀川さんの存在が一躍、老若男女を問わず広まったのは、やはり「ゼブラーマン」がきっかけだったといっていいでしょう。

ほかにもいくつか例を挙げると、役所広司さんは41歳（大厄）で「失楽園」に出演し、武田鉄矢さんは42歳（後厄）で「101回目のプロポーズ」に出演して、世間で大きな話題となりました。

また、藤田まことさんは40歳（前厄）で「必殺仕置人」に出演されました。「必殺仕置人」は、その後「必殺仕事人」と名を改めて、何作にもわたる人気シリーズになっています。渥美清さんがテレビドラマ「男はつらいよ」で主人公の寅さんを演じたのも40歳（前厄）。その後、「男はつらいよ」が国民的な映画シリーズとなったのは、ご存じのとおりです。

さらに福山雅治さんは41歳（大厄）で「龍馬伝」に出演されています。長年、歌手として、俳優としてご活躍でしたが、ＮＨＫ大河ドラマの主演で、あの坂本龍馬を演じたというのは、とりわけ大きな役だったといえるでしょう。

じつは、僕は１９７７年生まれで、２０１８年が本厄でした。はたして２０１９年は、どうなるでしょうか。大きな厄災ではなく、「大役」が巡ってくる、飛躍の年になっていけばいいなと願っているところです。

◉とにかく何でもやってみて運を運ぶ

ひと昔前と今とでは、もしかしたら、「成功者の形」が少し違うのかもしれません。

かつては、一つのことでコツコツ、努力し続けて成功したというような、「立身出世型」の成功者が多かったのではないでしょうか。

それに対して**今は、多様な顔をもつ成功者が多い**気がします。ひと口に「実業家」といっても、一つの事業だけでなく、分野を超えて、いろいろな事業を手がけているようなイメージがあります。

インターネットが普及している今は、人と人、人とモノやコトが簡単につながることができる時代です。

現代型の成功者は、こうした環境下で世の中のニーズを的確につかんだり、世の中の先を見越したりしたことで、成功しているような感じを受けます。

いわば現代的な成功のタネは、至るところに転がっているのでしょう。

昔より手軽に、さまざまなモノやコトに触れられる現代は、昔より気軽に、いろいろなことにチャレンジできる時代、とも言い換えられるのではないでしょうか。

考えすぎて動けなくなるより、先にやってみたほうが、成功に近づける気がします。

だから、自分は何がしたいのか、何ができるのか、もし迷っている人がいたら、関心をもったことは、とにかく何でもやってみましょう。**最初から一つに決めようとしなくてもいい**のです。

僕も、どちらかというと、「何でもやってみる」型です。

手相も都市伝説も怪談も、すべて「関心があったから」「好きだから」やってみたこと。パワースポットや風水も同じです。

それぞれが仕事として成り立つようになってきたのは、飽きっぽい性分《しょうぶん》の僕にとっては、本当にありがたいことでした。

ときには、「手相に都市伝説に怪談に……オマエは、いったい何者なんだよ」「三毛

「とにかくやってみる」が勝ち

作、四毛作で食いはぐれなくていいよな」なんていわれたこともあります。

そういう言葉を真《ま》に受けて、「だから自分の話には深みが出ないのかな……」なんて思っていた時期も正直ありました。

でも、そんなとき中居正広さんの言葉に救われました。「自分の可能性をいろいろと試すのが正解だし、別に一つに決めなくちゃいけない理由なんてないんじゃない？」。今では、すっかり吹っ切れています。

一つのことをやり続ける潔さや美し

さも、もちろんあると思います。

その潔さや美しさは、一つのことを続ければ続けるほど、「深み」「カリスマ性」につながります。

たしかに手相にも都市伝説にも怪談にも、「さすが、深いな、すごいな」と思う人たちがいます。それでも、もし「何か一つに絞れ」といわれたら、僕はきっと続かないでしょう。

「生き方の多様性」なんてこともいわれている世の中です。

無理に一つに決めることなく、柔軟に考えて、いろいろと関心のあることを「とにかくやってみる」。そうしているうちに、意外なきっかけで道が開けていくことも、あるかもしれません。信じるか信じないかは、あなた次第です（笑）。

◉あなたの「最初の記憶」が教えてくれること

自分には何が向いているのか、何を生業としていったらいいのかと迷ったときに、一つ、おすすめの方法があります。

まず、目を閉じて、年月を遡《さかのぼ》ってみてください。

あなたが生まれてから一番「最初の記憶」は何ですか？

保育園や幼稚園での記憶かもしれませんし、お母さん、お父さんとの記憶かもしれません。

じつは、**人の「最初の記憶」は、その人の「本質」を表しているる**といわれています。

自分が本当に大事にしたいことや、自分が本当に好きなものが、「最初の記憶」と密接につながっているということです。

たとえば、僕の「最初の記憶」は、幼稚園での1コマです。

卒園アルバムか何かの撮影だったと思いますが、先生が、園児みんなの笑顔の写真を撮るために、みんなを列に並ばせて、1人ずつ笑わせようとしていました。けれども、自分の順番が徐々に近づいてきて、先生が目の前でギャグを披露してくれたときには、緊張もあって全然おもしろく感じなかった。

でも幼稚園児の僕は、ここで笑わないと先生が困ってしまう、それに後ろに並んでいる友だちを待たせてしまう、そう思って無理やり笑顔をつくったのです。

なんだか、ずいぶんマセた子だと思われたかもしれませんが、これが僕の「最初の記憶」なんです。

この最初の記憶を思い出したとき、僕は、自分の気持ちよりも周りが円滑に進むことのほうに喜びを感じたり、周りの空気をとても大切にするという自分自身の性格を、再確認することができました。

はたから見れば、こじつけのように見えるかもしれません。でも、自分自身が「最初の記憶」から何かを見出し、納得したり、前進する気になれたりすれば、それでいいと思います。

よく**「答えは自分のなかにある」**ともいわれます。

進むべき道に迷ったり、道を見失ったりしそうになったら、少しの時間、静かに自分と向き合って「最初の記憶」を手繰《たぐ》ってみてください。「最初の記憶」と現在の自分とリンクさせてみたときに、フワッと答えが見えてくるかもしれません。そして、そこに自分の本質があるのかもしれません。

あなたの一番最初の記憶は何ですか？

●将来につながる「損して得とれ」の考え方

金運アップというと、「今すぐに上げたい」という人が大半だと思いますが、実際には、徐々に上がっていくことが多いように思います。

即効性のある西洋薬ではなく、じわじわと体質改善していく漢方薬のように考えたほうがいいかもしれません。**日々の習慣や心がけによって「金運アップ体質」に変えていく**という感じです。

そう考えてみると、目先の損得に振り回されるのは、かえって金運を下げてしまう生き方といえます。

「損して得とれ」ともいうように、たとえ一時的には損をしても、長い目で見れば、大きな得になるということも、よくあるのです。

僕自身の話で恐縮ですが、昨年、「これこそ『損して得とれ』だな」と思ったことがあります。

昨年の夏、僕は怪談のライブツアーをしました。初めての試みなので、東京を含め、どの地方も数百人規模の会場です。

チケットを買い求め、集まってくれた一般のお客様に、ライブで怪談を語って聞かせる。これには、テレビとはまた違った緊張感と興奮があります。僕自身は、計画段階からとても楽しみにしていました。

ところが、興行的に考えると、なかなか難しい点がありました。

巨大なホールではないとはいえ、舞台装置から照明、受付、アナウンス、案内係などなど、それなりの人数のスタッフさんが必要です。

そこで、単純に会場の収容人数で経費などを割ってみたら、お客様から相当な額をいただかなくては興行が成り立たない、という話になってしまいました。

その金額は、「夏だし、島田秀平の怪談でも聞きに行って涼もうよ」という感じで来ていただくには、とうてい高すぎる額でした。

興行を成り立たせるためにソロバンを弾くのは、当たり前のことです。第一にはお客様に楽しんでいただくことですが、それで興行側がマイナスになってしまったら本末転倒、そう考えるのも十分理解できます。

でも、見方をちょっと変えてみれば、その興行だけで見れば多少のマイナスになってしまっても、ゆくゆく回収できる方法を考えることもできるでしょう。

たとえば、ライブを撮影してＤＶＤ化するというのも一つです。イベンターさんを招待すれば、ライブがそのまま、「島田秀平の怪談のプレゼン」としても機能します。

こんなふうに、「ライブを通じて別の収益のタネをたくさん蒔《ま》く」と考えれば、その興行自体では、自分のほうにマイナスが出てもいい。「目先の損」をとって、「長い目で見た得をとればいい」と思いました。

そうした試みが、成功する保証はありません。それでも芸人として、生のお客様の前で怪談を披露するという機会は、逃したくなかったのです。

余裕がないときほど、目先の損得に振り回されがちです。背に腹は変えられませんから、目先の損得を優先させなくてはいけない場合も多々あるでしょう。

そんななかでも、**「長い目で考えたらどうかな」と、少し余裕をもってみると、意外と、「損して得とれ」が見えてくる**こともあるはずです。

そのつど、いったん長い目を見てみて、やっぱり目先の損得が大事と考えるか、それとも将来的な得をとると考えるか。

この選択肢をもっておくだけで、「いつも目先の損得に振り回される」という生き方ではなくなるでしょう。「損して得とれ」の余地があるかと、一瞬でも思い巡らせることも、じわじわと「金運アップ体質」になっていくコツというわけです。

◉アイデアは「とりあえず人に話してみる」

少し前に、幅広く事業を展開して成功している経営者の方々と、お話しする機会がありました。

そこで一番、興味深かったのは、「みなさん、『断られること』を恐れていないんだな」ということでした。

お話を聞いていると、**たとえ「生煮えのアイデア」でも、とりあえず多くの人に投げかけているよう**でした。それができるのも、「断られること」を恐れていないからなのでしょう。

アイデアをシェアするとき、「ちゃんと煮詰まったら人に話そう」と考える人は多いと思います。

自分で納得できるまで考えたことでなくては、人に話せない。それも本心だと思い

「とりあえず言ってみる」が勝ち

ますが、「拒絶されたら嫌だな」という恐れも、少なからず混ざっているのではないでしょうか。

でも、先日お話しした経営者の方々は、どうも違うようでした。

「『ちょっと思いついちゃった』というレベルでも、自分がおもしろいと思ったら、即、多くの人に投げかける。**仮に100人に話して、1人でも2人でも興味を持ってくれたら、その人の知恵も借りて走り出せるかもしれない**のだから」というのです。

とくに**今の時代、ビジネスはスピー**

ドが命です。「じっくりと腰を据えて練り上げてから……」なんて考えていたら、時機を逸してしまうかもしれません。

それに、彼らが口を揃えたように、1人でも2人でも共感してくれたら、自分1人の知恵では限界があることでも、突破できる可能性が出てきます。

断られることを恐れず、とりあえず話してみる。それが、自分のアイデアをスピーディに実現させるコツなのです。

断られることさえ恐れなければ、「あ、これいいかも」「こんなことできたらいいいな」と思ったことを、とりあえず話してみても、何も害はないでしょう。

ひょっとしたら、「いいね！　一緒にやりたい」「じゃあこうしてみたら？」なんて申し出てくれる人が現れて、急に物事が動き出すかもしれません。

3章

ご縁が金運を呼び寄せる

――「人に愛される人」は、お金にも愛される

◉お金は大事、「気持ち」はもっと大事

お金は大事だけど、もっと大事なものもあるとしたら、それは、「気持ち」や「思い」でしょう。

たとえば、金銭的な条件はさておき、気持ちで仕事を引き受けるということも、ときにはあると思います。

自分が仕事としてやっていることを安売りするのは、あまりいいことではありません。「ちょっとやってよ」といわれて引き受けるのは、同じものにきちんと対価を払ってくれる人に対して、とても申し訳ないことだからです。

でも、ときには「こういう機会ならば、無料でやらせてほしい」「この人のためだったら、条件が悪くてもやりたい」と思うこともある。そこは**「気持ち」で、快く引き受けてもいい**のではないかなと思うのです。

僕も、たとえば友人の結婚式の司会や新郎新婦の手相占いでは、絶対に謝礼は受けとらないと決めています。これは、僕が今よりずっと売れていなくて、お金がなかったころから頑《かたく》なに守っていることです。

これから共に行きていく2人のための宴が、僕の司会や手相占いで、少しでも盛り上がってくれたらうれしい。

そういう気持ちでやっていることだから、友人が謝礼を差し出してくれても、「あれは、俺からのちょっとしたお祝いだと思ってよ」と、受けとらないようにしているのです。

仕事でも、「この方のご依頼なら」と、通常より低いギャランティでやらせていただくことは珍しくありません。

条件面の詳細がわからないうちから、**「おもしろそう」「やってみたいな」というワクワクを優先させて決める**こともよくあります。

どれも、お金より気持ちを優先させているというわけです。

お金は大事だけど、気持ちが動くものには、とにかく乗ってみる。そんな感じといったらいいでしょうか。

気持ちといえば、モデルでタレントのアン ミカさんは、ある雑誌のインタビューで、**「プレゼントはケチってはダメ」**とおっしゃっていました。

「結局、お金なの？」という話ではありません。

ケチってはいけないのは、「お金」ではなく「気持ち」。

たとえ値段的には高くないプチギフトでも、「おめでとう」の気持ちが、しっかり伝わるように、お手紙を添えたりすることが大事。なぜなら、「おめでとう」の言葉には浄化のエネルギーがあって、そこから、いい循環が生まれるから——。

というのが、アン ミカさんの真意のようでした。

「おめでとう」という気持ちが伝われば、相手からは「ありがとう」が返ってくる。

プレゼントを通して、**まず自分からいい気を送ることで、いい気が巡ってくる**という循環があるところには、お金も喜んで寄ってくるに違いありません。

アン ミカさんといえば、四畳半のアパートに家族4人で暮らしていた幼少期から、モデルの最高峰ともいえるパリコレデビューを果たした大成功者です。

今ではタレントとして、ワイドショーなどでもご活躍ですし、大富豪の男性と結婚されて、幸せなお金持ちになっていることでも知られていますよね。

そんなアンミカさんの人生を思うにつけ、成功を引き寄せた強運、なかでも**金運を高めた源は、いつだって「気持ち」をケチらなかった姿勢**にあるのだろうなと、素直に納得がいきます。

世の中には、お金があっても不幸せな人はたくさんいます。

不幸せなお金持ちと、幸せなお金持ちの違いは、たくさんあると思いますが、「気持ちを大切にしているかどうか」は、間違いなく、その一つに入るでしょう。

気持ちを大切にする人は、人から好かれます。人に好かれれば、ご縁がお金につながる機会も増えるはずです。

結果として、気持ちを大切にする人のほうが、精神的にも、金銭的にも、より豊かな人生をつくっていける。そう考えてもいいのかもしれません。

◉うまくいかないときに、口に出してはいけないこと

人生は山あり谷あり、金運にも浮き沈みがあります。

自分のやっていることが、うまくお金に結びつかなくても、「今は金運を貯めているんだ」と考えてみてください。そう考えて、目の前のものに一生懸命とり組むこともまた、金運アップの近道です。

芸能界にも、10年や20年といった長い下積み生活を経て、一気に花開いた人がたくさんいます。お話を聞かせていただくと、決して腐らず、悲壮感に足をとられず、なるべく明るくコツコツがんばってきた人ばかりです。

逆に、うまくいかないときに、一番、やってはいけないことは何でしょう。

たぶんそれは、愚痴を吐くことです。

愚痴っぽい人は、一緒にいると気が滅入りますよね。**お金も同じで、ネガティブな**

人より、ポジティブな人のほうが好きです。

グチグチと、成功している人を妬んだり、世間を恨んだりするようなことをいっていると、人もお金も、どんどん遠ざかってしまうでしょう。

「吐」くという漢字から、「一（マイナス）」をとると、「叶」うになる。

つまり、口から出る言葉からマイナスをとり去って、プラスのことばかりにすると、夢が「叶」うということ。

これは、TIMのゴルゴ松本さんが、少年院でボランティアでおこなっている「命の授業」のなかで、たびたび話されることだそうです。

10代の子どもたちのみならず、僕たち大人にも響く話ではないでしょうか。

愚痴を「吐」くほどに、夢は叶わなくなる。金運も下がってしまう。

だから、「なんだか、うまくいかないな」と思っても、前向きに努力を続ける人でありたい……というのは、僕自身、つねづね思っていることなのです。

◉人の信用はお金でつくられ、お金で失われる

金運と人付き合いは、分かち難くつながっている。そこで僕たちに問われるのは、「誠実さ」といってもいいかもしれません。

お金にだらしない人は、信用できませんよね。

とくに、人から借りたお金をちゃんと返さないような人は、即、信用を失うといっても言い過ぎではないでしょう。しかも、いったん失った信用は、そう容易にはとり返せません。

だからこそ、**つねにお金に関しては誠実であったほうがいい。**それは、人に対して誠実であるということにつながっています。

お金に誠実な人は、人から信用され、それが人脈や仕事、ひいては金銭的な成果へと結びついていくのです。

「借りたお金を返すなんて当然だ」と思ったかもしれませんね。でも、ちょっと振り返ってみると、細かいお金には、意外とルーズになりがちではないでしょうか。

たとえば、割り勘だったけど端数の分は出してもらった、お財布に1万円札しかなかったからコーヒー代の数百円を借りた……。

こうした細かいお金の貸し借りを、すべて記憶に留め、後日ちゃんと返したといい切れる人は稀でしょう。

百円単位のお金で信用を失うことは、おそらくありません。ただ、**百円単位のお金にもきっちりしている人は、間違いなく信用されます。**小さい額でも、ないがしろにしないことが、たしかな信用につながるということです。

あるいは、ときには自分のほうが多めに払ったり、立て替えたりすることもあるでしょう。金額にもよりますが、「相手は忘れているみたいだけど、こちらから請求するのもどうかな……」という場合もあると思います。

そんなときは、「自分はいつもきっちりしているのに……」なんてモヤモヤせずに、**「あのお金を通じて、厄払いできたんだ」「貸した相手から運をもらったんだ」**と考えるといいでしょう。

請求するほどの額ではない、けれどモヤモヤする……などと、引きずっていても、いいことはありません。スッキリと気持ちを切り替えれば、「自分は自分」で前進できるはずです。

それと、もう一つ。お金を借りたわけではなく、目上の方に振る舞っていただいた、というときに、誠実さを見せるには、どうしたらいいでしょう。

たとえば、会社の上司や先輩にご馳走になったとしましょう。後日、きっっちり計算して自分の分だけ返すというのは、さすがに、かわいげがありません。

こういう場合は、お金をモノに変えると考えてみてください。

借りたわけではなくても、お金を出していただいたことは事実です。

金額的に見合うモノを買う必要はありません。

「ありがとうございます」の気持ちを、ちょっとしたモノに乗せてお渡しする。これもまた、お金に誠実であるということの、一つの形といえるでしょう。

◉好きなことでお金を引き寄せるコツ

みなさんのなかには「好きなものを仕事にしたくない」と考える人もいるかもしれません。僕の後輩にもけっこういるのですが、「もったいない」など思います。

「好きだからこそ、仕事にできる」ということもあるはずだからです。

好きなことって、いわれなくてもがんばれるものですよね。そして、他人が注げないほどの愛情と熱意をもってがんばったら、それが「強み」になります。

その強みこそが、仕事のタネになることも多いのです。

だから、せっかく好きなことがあるのなら、まず「好きだから、がんばれる」「がんばれるから、強みになる」「強みになるから、仕事になる」「仕事になるから、お金になる」という輪をつくることを考えたほうが、ずっとスムーズにお金の運が向いてくるはずです。

ただし、そんな輪をつくっていくには、人付き合いにおいて、一つ欠かせないものがあります。

それは、**ひと言でいえば「アジャスト力」**です。

たとえば、iPhoneが大好きで機能を知り尽くしているとか、アイドルが大好きで年に100回はライブに行っているとか、そういう自分の「好き」は、ただ「好き」なだけでは、なかなか人に響きません。

そこで、「めちゃくちゃiPhoneに詳しい」「めちゃくちゃアイドルを見ている」ということを通じて、**どうやったら人を楽しませたり、人の役に立ったりできるか**と考えてみる。

たまたま居合わせた相手に、ただ「僕、これが大好きなんです！」と話すだけでなく、「この人には、こういう切り口で話したら刺さりそうだな」という発想を1枚、はさんでから話してみる。

これが、「アジャストする」ということです。

自分の「好き」にはいろいろな面があって、そのうち世の中や、目の前の人の属性、興味関心に「接地させられる面」を探すこと、相手に響きそうな面を探すこと、といってもいいでしょう。

僕にも、自分の好きなことを、目の前の相手にアジャストして話したことが、仕事に結びついた経験があります。

たとえば、以前、たまたま少年マンガ関連の番組のスタッフさんと同席したときのこと。

「マンガって、登場人物の手相までちゃんと書き込まれてることが多いですよね。しかも、それがけっこう手相占い的に理にかなってたりするんです。だから今度、マンガの登場人物の手相占いができたらいいな～って思ってるんですよ」

……なんて話してみたら、実際に番組内で、そういうコーナーをつくっていただけたことがあります。企画が通ったと聞いたときには少しびっくりしましたが、「あのときの話を、おもしろがってくれたんだな」と、うれしく思いました。

いかにも芸人っぽい話になってしまって、すみません。でも、これはどんな世界にいる人にも、共通していえることではないでしょうか。

自分の好きなことは、どんなふうに人を楽しませたり、人の役に立ったりする可能性があるのか。あるいは、目の前の人は、自分が好きなことを、どんなふうにおもしろがってくれる可能性があるのか。

「特殊な世界のことだから」「自分だけで楽しむものだから」などと自分を閉じてしまわず、相手や世の中に響きそうな切り口を考えてみる。

それが「好きだから、がんばれる」「がんばれるから、強みになる」「強みになるから、仕事になる」「仕事になるから、お金になる」の輪をつくっていく大きな原動力となるでしょう。

◉夢やロマンが、お金を引き寄せる

もし、叶えたい夢や、追い求めたいロマンがあるのなら、会う人、会う人に話してみるというのもいいでしょう。

ひょっとしたら、その夢やロマンに「かけてみたい」「出資したい」という人が現れるかもしれません。

夢やロマンを語ることで「この人なら」と見込まれ、金銭的なサポートを得る。歴史上の人物でいえば、その代表格は、おそらく坂本龍馬です。

時代の流れを読む眼力や、たしかな戦略を練る頭脳、既存の価値観に縛られない発想の柔軟さ、そして難事《なんじ》にも恐れず飛び込む度胸を、龍馬は持っていました。

ただ、これらの素養をすべて備えていても、土佐藩の一介の下級藩士ができることには限界があったに違いありません。

では何が、龍馬を「幕末の志士」として後世まで語り継がれる人物にしたかといえば、それは、**「人を巻き込む力」**でしょう。

今後、日本という国はどう歩んでいったらいいのか――龍馬がイキイキと描き出してみせる未来を、自分たちも見てみたい。龍馬の八面六臂《はちめんろっぴ》の活動を支えた多くの人は、きっと、そんなふうに思っていたに違いありません。

残念ながら、龍馬は志半ばで暗殺者の刃《やいば》に倒れました。でも、龍馬が周囲を驚かすような偉業をどんどん達成していった様を思い浮かべると、夢やロマンをもって人の支援を得た元祖的な人物に見えてくるのです。

現代に目を転じれば、近年、増えてきているクラウドファンディングは、夢やロマンへの出資を仕組み化したものといえるでしょう。

銀行からの融資や、株式の公開とは違い、クラウドファンディングでは、「このプロジェクトが成功した暁《あかつき》には、こういうお礼を差し上げます」というふうに見返りを示して、出資者を募ります。

夢のために動くとお金も動く

たとえば、映画製作のクラウドファンディングであれば「完成した映画のチケット」「完成した映画のグッズ」「パンフレットに出資者として記名される」といった形です。

銀行は、利子という儲けを出すためにお金を貸します。株主は、企業からの配当金や株の売却益を得るために出資します。でも、多くの場合、クラウドファンディングでは、お金を出した人に金銭的な儲けはありません。

では、なぜ、出資者はお金を出すのでしょうか。

もちろん、見返りに魅力を感じたか

ら、というのは一つですが、**根っこには、そのプロジェクトやプロジェクトの発案者に「賭けてみたい」という思いがあるから**でしょう。

つまり、金銭的な儲けではなく、夢やロマンのため、その一部になるという喜びのために出資しているといえるのです。

夢やロマンを語ることに、「イタい」「恥ずかしい」といった印象を持つ人もいるかもしれません。

そんな**夢**見がちなことでは成功できない、もっと現実的に考えて堅実に生きたほうがいい、夢を語る前に目標を持て、という考え方もあるでしょう。

でも、自分が描いているビジョンや、自分という人物を見込まれて金銭的なサポートを得るというのも、じつは十分、起こりうることなのです。

それには、**まず自分が語ること。そこから人生は、きっと、はるかに豊かに、おもしろく回り始める**はずです。

◉お金持ちと出会ったら、妬む前に考えたいこと

前に、日本人には、お金をどこか汚いものと考える節がある、という話をしました。

こうした価値観は、「お金持ち」に対する印象にも通じるものがあると思います。

お金を汚いものと感じているから、お金をたくさんもっている人にもダーティな印象を抱いてしまう。

「何か後ろ暗いところがあるのではないか」「悪いことをして儲けたんじゃないか」なんて妄想まで働いてしまいがちです。

でも、そうやってお金持ちに悪い印象を抱く根っこにあるのは、じつは単なる羨《うらや》みや妬《ねた》みだったりするのではないでしょうか。

本当は欲しくて、欲しくてたまらないけれど、なかなか手に入らないもの。それをすでにたくさん持っている人がいたら、羨ましくなるのが人情です。

とくにお金となると、羨みを超えて妬みを抱いてしまうことも、多いかもしれません。でも、持っている人を羨んだり、ましてや妬んだりしていたら、さらにお金は遠ざかってしまいます。

前にも書いたように、金運を上げたいのなら、「お金、大好き」と認めること。それと同じくらい、**お金持ちと出会うことがあったら、素直に「すごいな」「ありがたいな」という思いで接することも大事**だと思います。

たいていの場合、お金は、自分が差し出すものの対価として入ってくるものです。代々資産家、という人は違うかもしれませんが、**たくさんお金を得たということは、それに値するものを世の中に提供したということ。**

すごい発想力や創造力、技量などで、たくさんの人を喜ばせたり、助けたりした。つまり、多くの人が「お金を払いたい」と思えるものを差し出したから、彼らの元には、世の中からたくさんお金が回ってきたのです。

悪い妄想を繰り広げる前に、そういう事実に目を向けてみれば、素直に「すごいな」と思えるでしょう。

そして、世の中の仕組みに目を向けてみれば、お金持ちは、より多くの税金を払っています。その税金は、回り回って私たちの生活を支える土台にもなっています。

お金持ちなら、たくさん大きな買い物もしているでしょう。消費活動をすればするほど、世の中にはお金が巡ります。そのお金の一部が、僕やあなたのところにも回ってきているのです。

このように、**ちょっとマクロ的な視点をもってみたら、素直に「ありがたいな」とも思える**のではないでしょうか。

◉お金が入ってきたときこそ、徳を積む

「金持ち喧嘩せず」という言葉がありますが、必ずしもそうではないのかも……と思うことがあります。

とても大らかで人当たりもよく、決して争わない。そんな「さすが、『金持ち喧嘩せず』だな」と思わされるお金持ちも、たしかにいます。

でも一方には、気が短くて、つまらないことですぐに人と争うお金持ちも、けっこういるのではないでしょうか。

両方のタイプを見てしまうと、もし自分がお金持ちになることがあったら、「喧嘩しないほうのお金持ち」になりたいなと思います。そのほうが、たぶん「ずっとお金に愛される人間」でいられるだろうからです。

いい仕事、いい人付き合いをする。

金運の神様にお参りに行く、部屋を整えるなど、金運アップの習慣をとり入れる。

そんなこんなで徐々に金運が上がり、みなさんも、大きなお金が入ってくる機会に恵まれることがあるかもしれません。

ただ、悲しいことに、人って、お金が入ってくると急に他者に対して横柄《おうへい》になったり、お金があることをひけらかしたりと、人格が豹変《ひょうへん》してしまう恐れもあります。

だから、**金運に恵まれたときこそ、いっそう、いい仕事、いい人付き合いをするように心がけたい**と思うのです。

お金は、自分を好いてくれる人のところにやってきます。

でも、いくらお金が好きでも、すぐに人と喧嘩になるような気の小さい人からは、遅かれ早かれ、お金は離れていってしまうでしょう。

ずっとお金がふんだんに入ってくるかどうかは、おそらく、人としての「器」によって決まるのです。

◉お金から好かれる人は、「イキイキ話す」

「なんかおもしろい人だな」「また会いたいな」と思われるのは、どういう人か。

いろいろあると思いますが、一ついえるのは、「イキイキと話す人」ではないかなと思います。

「最近どうですか?」みたいな話になったときに、「いや、別に何も……」なんてつまらない顔をしていたり、「ホント忙しすぎて嫌になっちゃいますよ」なんて愚痴っぽくなったりする人は、あまり魅力的には映りませんよね。

でも、「そうそう、この間、こんなことがあって〜!」とイキイキ話してくれる人には、「へえ、それで? それで?」とぐいぐい引き込まれてしまいます。

では、**イキイキ話す人って、どんな人かというと、ひと言でいえば「フットワーク**

が軽い人」ではないかと思うのです。

今は、ネットでキーワード検索をすれば、一発で情報が得られる時代。それだけに、「実体験」というものが置き去りにされがちではないでしょうか。

それでも、やっぱり「実体験」に勝《まさ》るものはありません。ネットの情報より実体験のほうが自分の血肉になるという意味でも、**実体験があったほうがイキイキ話せる**という意味でも、本当にそう思います。

そういえば、怪談でも、「一番、怖かった」という感想が多く寄せられるのは、「ある人から聞いたのですが……」という話ではなく、「僕がどこどこに行ったとき～」という話です。やはり実体験のほうが、「強い」のです。

たとえばウィキペディアで「象」と検索すれば、象の姿形から大まかな生息地、生態まで、ざっくりとした知識を頭に入れることはできます。

でも、実際に動物園に足を運び、自然の疑似体験とはいえ、象という動物の匂いや存在感を肌身で感じてみなくては、象についてイキイキ話すことはできないでしょう。

実際に足を運ぶ、行って体験してみる。こうしたフットワークが、イキイキ話す原

動力、いわば「ネタ元」になるというわけです。

その点で、すごいなと思うのは、伊集院光さんです。

伊集院さんは、「できるだけ実際に見てみること」をモットーとされているようで、たとえば、「『たまごっち』を求めて、おもちゃ屋さんに大行列ができている」と報じられたときには、すぐさま、おもちゃ屋さんに行って並んでみたそうです。

僕たちが伊集院さんの話に引き込まれてしまうのは、すぐれた話術だけではなく、こうした「実体験」の裏づけがあってこそなんだな、と思いました。

それに、ネットのほうが手っとり早く幅広い情報を得られるかと思いきや、実際に足を運んでみなくては見えない部分というのも、じつは多いものです。

たとえば、僕は高校時代、2回、甲子園に行ったことがあります。もちろん野球部員だったわけではなく、応援団として行きました。

甲子園の主役は、9回を必死に攻守する選手たちですが、観客席には、炎天下で楽器を吹き続けるブラスバンドや、踊り続けるチアリーディングの生徒たちがいます。

彼らを目の前で見ていると、ものすごい迫力です。甲子園はテレビ中継されますから、こうした姿が、ときおり画面に映るのを見て「わあ、すごいな」と思う人は多いことでしょう。

では、試合後に、甲子園の「裏側」では何が起こっているか。これは、おそらく、テレビ中継しか見たことがない人は知らないはずです。

じつは、生徒や応援団が退場する通路は、送迎のバスが停留する場所まで、1キロほどの距離があります。

A校はこちら、B校はこちらと分かれているのではありません。

つまり両チームの生徒や応援団は、たった今、打ち負かした相手、打ち負かされた相手とともに、1キロほどの道を歩くことになります。

その間に、勝ったほうは負けたほうの健闘を称え、負けたほうは勝ったほうを次に向けて激励し、そして激闘を戦い抜いたことをお互いにねぎらうのです。

毎年、テレビで甲子園を見るたび、僕が何に思いを馳せ、感動を覚えるかといえば、高校生のときに目にした、この1キロの通路が一番かもしれません。

だから、人と甲子園の話題になると、「じつは、応援団が入退場する通路は1キロほどもあって……」なんて、つい熱く語ってしまいます。

……という僕の話はさておいて、周りを見ていても、フットワークが軽くて、「この間、こんなところに行った」「あんなところに行った」「こういうのがおもしろかった」「すごかった」とイキイキ話す人ほど、好印象を集めているように見えます。

こういう人は、人からも誘われやすくなります。

どこへでも気楽に出かけて行って、そこで体験したことをイキイキ話す人は、「あの人だったら、こういうのも楽しめそう」と、誘われることも多くなる。すると、**人脈が広がり、そこからいい仕事に発展する可能性も**あるかもしれません。

そんな好循環が回りだすと、お金の運気の流れもよくなっていくことでしょう。

4章

金運アップの作法

——「見えない力」を味方につける

◉初詣は「神様」への「意思表明」

初詣は、「今年もよろしくお願いします」という神様へのご挨拶。

有名な神社に行くのもいいのですが、**「年初のご挨拶」と考えれば、何をおいても、まずは自分にゆかりのある神社へ**行ったほうがいいでしょう。

僕は毎年、我が家の氏神様、実家の氏神様、近所にある大きな神社の三ヶ所に初詣に行っています。

ゆかりのある神社という意味では、会社員の人は、職場近くの神社に行くのもいいと思います。その土地の氏神様は、神社庁のサイトで検索できるようになっています。

では初詣では、何を念じたらいいでしょうか。

神様には「〇〇しますように」といったお願いではなく、「いつも見守ってくれてありがとうございます」とお礼を伝えるに止めるべきだ、という話を聞いたことのある人もいるかもしれません。

これには諸説あり、何が正しいとはいえないのですが、僕は、神殿の前に立つと、神様に「意思表明」をするような心持ちになります。

とくに初詣で、「今年は、こうなれますように」ではなく、「今年は、こうなれるように一生懸命やります」「こんなことをがんばりますので、見守っていてください」というふうに念じると、いっそう強い決意のもとで、がんばれる気がするのです。

決意したことを周囲の人に先に伝えることで、途中で怠けそうになっても実行できることを「宣言効果」なんていいますよね。

それをいうなら、**神様への意思表明には、絶大な宣言効果がある**と思います。

何しろ、宣言した相手は人ではなく神様なのです。

いつでも見られていると思ったら、否《いや》が応《おう》でも「よし、がんばろう」という気にさせられるに違いありません。

その努力が実れば、自然とお金もついてくるはずです。そう考えれば、神様への意思表明は、金運アップにつながるお参りの方法ともいえるでしょう。

神様に先に宣言してしまうことで、みずから動き、運を動かせるというわけです。

また、**入社試験や入試、大事な仕事の前に、その会社や学校のそばにある神社に参るのもおすすめ**です。

「これから、あなたのお膝元でがんばりますので、よろしくお願いします」と顔見せするだけで、その土地の神様を味方につけたような気になれるでしょう。

神様にご挨拶したから、きっと大丈夫。そんな気持ちで臨んだ結果、リラックスできて本来の力を発揮し、成果につながることも多いはずです。


そして**意思表明をした以上、定期的に経過や結果を「報告」しに行くのが筋**というものでしょう。

「お礼参り」というと、成果が出たときにお礼をいいに行くイメージかもしれません。

でも、経過や結果がどうあれ、「今はこうなっています」「こんな感じで成果が見えつつあります」という報告をしに行くと、もっと神様は応援してくれるはずです。

また、初詣やお礼参りにも関連するのですが、神社にお参りをしたら、ぜひ一つ、見ておいてほしいところがあります。

参拝者から見て、鈴があり、お賽銭箱《さいせんばこ》があり、その先には神殿がありますが、神殿の手前には「神前幕《しんぜんまく》」という暖簾《のれん》のようなものがかけられています。

その**神前幕が、お参りをしたときにフワっと向こうに揺れたら、それは神様に自分のメッセージが届いた証、**逆に、**フワっとこちらに揺れたら、神様が自分の願いを叶えてくれる印**だといわれているのです。

初詣やお礼参りのときには、自分が念じるばかりではなく、神前幕の動きにも注目してみてください。

そして最後に、もう一つ、大切なことを。ゆかりのある神様への初詣、お礼参りとともに、**お墓参りも欠かさない**でください。

今、自分が生きているのは、紛れもなく、ご先祖様たちがいたからです。

自分のお父さん、お母さんから遡《さかのぼ》って、祖父母、曾祖父母……とうてい数え切れないくらいの命の連なりの末に自分がいる。

いってしまえば当たり前のことですが、普段は、なかなかご先祖に思いを馳《は》せることなどないでしょう。

お墓参りは、そんな日常の中で、改めて、自分に至るまで脈々と世代を継《つ》いでくれたご先祖様に感謝できる機会といえます。

今の自分があることに対する感謝に加えて、ここでも、意思表明をするのもいいでしょう。

初詣で神様に向かって念じるように、お墓参りでは、ご先祖様に向かって「今年はこうなれるようにがんばりますので、見守っていてください、ありがとうございます」と念じる。

そして、**神社と同様、お墓参りにも、定期的に「報告」をし**に行く。

こうして必然的にお墓参りに行く機会が増えることで、ご先祖様にいっそう感謝できるとともに、「幾万《いくまん》ものご先祖様の後ろ盾があるんだ」という勇気や、やる気が湧いてくるはずです。

◉金運アップ神社のお参りの仕方

金運にまつわる神社は、全国各地に数え切れないくらいあります。

銭洗弁財天《ぜにあらいべんざいてん》で小銭を洗ったことがある、という人もきっと多いことでしょう。

では、**銭洗弁財天で洗ったお金**、いったいどうしたらいいと思いますか？

「せっかく金運アップの願いを込めて洗ったお金なのだから、大事に持っておきたい」と思いそうですが、じつは、**「さっそく使う」のが正解**です。

お金は、天下の回りもの。自分のところに入ってきては出ていく、出ていっては入ってくる、ということを繰り返しています。

金運アップとは、そんなお金の循環を、よりよいものにしていこうということ。

そして、**よりよいお金の循環がつくられるには、自分のところから出て行くお金は「きれい」であればあるほどいい。**

自分から「清いお金の流れ」がつくられるほど、自分のところに入ってくるお金の量も増えていくといっていいでしょう。

だから銭洗弁財天で洗ったお金は、さっそく使う。清めたお金を世の中に回すことこそ、金運アップにつながるといえるのです。

神社によっては、特定の参拝法を推奨《すいしょう》しているところもあります。

たとえば、石川県金沢市にある石浦神社では、神様の前に立ったら「お願い」でもなく「お礼」でもなく、心を「無」にしてお参りするようにといわれています。

すると、迷いや不安のなかにあっても、ふと進むべき道が見えたり、アイデアがひらめいたりするといいます。じつはこの石浦神社、「経営の神様」と呼ばれる松下幸之助さんが、生前、よく詣《もう》でた神社としても知られています。

また、長野県飯田市には、貧乏神神社という神社があります。「貧乏を叩き出す」ということで、この神社では、ご神体を棒で殴ったり、蹴ったりするのです。

おもしろい参拝法ということでは、東京の回向院《えこういん》も挙げておきましょう。

回向院には、江戸時代の有名な盗賊、鼠《ねずみ》小僧の墓石があります。数え切れないほど盗みを働いていたにもかかわらず、なかなか捕まらなかった鼠小僧は、いつしか、金運や勝負運の持ち主と考えられるようになりました。

また、ネズミは小さな隙間から入り込んで獲物にありつくことから、「狭き門をくぐり抜ける＝合格祈願」のスポットにもなっています。

では、そんな鼠小僧にあやかるには、どうしたらいいのかというと、これがおもしろい点です。なんと、お墓の石を削って、持ち帰っていいのです。

鼠小僧の墓石を削って持って帰ると、金運アップ、勝負運アップ、さらには合格祈願のお守りになるといわれているのです。といっても、本物の墓石を削るわけではなく、参拝者用に「お前立ち」という仮の墓石が設けられています。

その他、神社仏閣ごとに独特な参り方があることも考えられます。行く前に少し調べておくといいかもしれません。

◉成功者ほど占いをうまくとり入れる

今までに出会ってきたお金持ちの人たちを見ていると、占いとの距離のとり方が絶妙だなと思います。

世の中には、占い全般をインチキととらえて、まったくとり合わない人もいますが、僕が知る限り、成功者と呼ばれる人には、そういう傾向は見られません。

かといって、占いにどっぷりハマって、何をするにも占い頼みということもない。いうなれば、**ちょうどいい距離感を保ちながら、占いを人生にとり入れて**いるような感じがあるのです。

僕が手相を見せていただいて、「こういう傾向があります」「今は、こういう時期だと出ています」などとお伝えしたときなども、成功している人ほど、決まって「へえ、そうなんだ〜。じゃ、こうしてみようかな」という反応が返ってきます。

みなさん共通して、**どこか占いを楽しみながら、ときに自分を勇気付けたり、戒めたりする材料として活用**する。「心の余裕」があるといってもいいかもしれません。

歴史上にも、占い師的な人を身近に置いていた権力者は多かったようです。

たとえば、ギリシャの英雄、アレキサンドロス大王にはアリスタンドロスというお抱えの夢占い師、中世ヨーロッパを席巻《せっけん》したナポレオンにも、アベ・シェイエスというお抱えの占い師がいたそうです。

また、チンギス・ハーンの書記官として仕えた耶律楚材《やりつそざい》という人物は、実際のところ、遠征に随行《ずいこう》する占星術師でした。

似たような話は、日本にもあります。

山本勘助といえば、武田信玄に仕えた軍師として有名ですが、近年の研究では当時、「軍師」という役職はなかったとする説が出ています。

では何者だったのかというと、「軍配者」——戦に関する吉凶を占い、出発する日や攻める方向などを判断する人だったということで、耶律楚材と同様、実態は、かなり占い師に近い役割を果たしていたのではないかといわれているのです。

思うに、成功し、ビッグな存在になればなるほど、自分を批判したり、叱ったりしてくれる人は少なくなっていきます。

そして気がついたときには、大きく道を踏み外している。何をいっても、何を決めても周囲に肯定される状況に胡座《あぐら》をかいていたら、そんな「裸の王様」にもなりかねないでしょう。

ともすれば周囲はイエスマンばかり、というなかで、ほぼ唯一、遠慮なくものをいってくれるのは占い師——現代の成功者であれ、歴史上の偉人であれ、占いをうまくとり入れていることには、そんな理由もあるのかもしれません。

運気には波があります。

いいときもあれば、悪いときもある。ざっくりいえば、占いとは、そういう運気の流れを見るためのものです。

運気の流れを読む

そして占いを通じて運気の波を知ることで、うまくいかないときには「大丈夫、いずれ運がめぐってくるから」と自分を勇気づけ、うまくいっているときには「調子に乗らないように」と自分を戒めることができる。

周囲の成功者を見ていると、占いを活かすというのは、こういうことなんだろうなと思います。

◉お金を入れる「お財布」――どう選ぶ？　どう使う？

お財布は、お金を入れておくためのもの。お金との関係性が強いだけに、お財布の選び方、使い方が金運を上げ下げするといわれても、驚きはしないでしょう。

金運の上がるお財布には、次のように、いくつかポイントがあります。

・なぜ「長財布」がいいのか？

よく「成功者は決まって長財布を使っている」などといいますが、**実際、二つ折りの財布よりは長財布のほうが、金運は上がりやすい**といえます。

誰だって窮屈《きゅうくつ》な部屋よりは、のびのびできる快適な部屋に行きたいものですよね。

お財布を「お札の部屋」と考えれば、お札がのびのびできる長財布のほうが、お金が入ってきやすいというわけです。

お財布はお金の部屋

これに加えて、**長財布のほうが中身の見通しがよく、お金の管理がしやすいこと**。これも、金運アップにつながっていると考えられます。

となると、たとえ長財布でも、1万円札、5千円札、千円札が入り混じっていたり、レシートやポイントカードがぐちゃぐちゃに入っていたりと**「見通しが悪い財布」は、お金を遠ざける財布**といえるでしょう。

お札は、種類別に並べ替える。**レシートは、毎日、財布から取り出して「今日はこれだけ使ったんだ」と把握**する。ポイントカードは、持たないほうがいいとはいいませんが、よく行く店のものだけ入れておくなど、やはりスッキリと整理しておいたほうがいいでしょう。

こうして長財布の風通しをよくすることで、よりお金が入ってきやすいお財布に整えることができます。

また、小銭がじゃらじゃらと入っていても見通しが悪いため、僕は、お財布から小銭をすべて出して貯金箱に入れるというのを、1日の終わりの習慣にしています。

・お財布には、何を入れる？

お財布に入れておくと金運アップにつながる、というグッズもいろいろとありますが、僕は、次の三つを入れています。

・初詣で引いたおみくじ――どんな結果でも神社では結びません。お財布に入れておいて、翌年の初詣で、お守りと一緒にお焚《た》き上げに出します。

・お守り――お守りは「我が身を守ってくれるもの」。つねに持ち歩いたほうがいいとされているため、つねに持ち歩くお財布に入れています。

- 先輩からもらったお小遣い——成功している先輩からいただいたお金は、きっと多くの仲間（お金）を呼び込んでくれるに違いありません。だから、使っていいお札とは別のポケットに大事にしまっています。

・お財布の色は「緑」がベスト

「赤」は「赤字」につながるのでよくない、「黒」は「黒字」につながるからいい、「黄色」は風水的にお金の色だからいいといわれますが、一番のおすすめは「緑」です。

お金は、入ってきては出ていくものですが、そんななかでも、やっぱり安定して一定のお金があったほうがいいものです。その**「安定」をもたらす色が、じつは「緑」**とされているのです。

・お財布はいつ買うといい？

お財布は3年くらいごとに買い換えたほうがいいという説もありますが、ここでも

「お金＝お札の部屋」と考えれば、きれいに使うことが一番大事。期間としては、何年でも使っていいと思います。

とはいえ、いくら大事に使っていても、年を経るごとに、どうしても、くたびれていくものです。何となく**財布が古びてきたなと感じたら、きれいな部屋にお札を「引っ越し」させてあげる感覚で、財布を新調**するといいでしょう。

財布を買うのに「いい時期」「いい日」というのも、いくつかあります。

春に買うと「財布が春＝張る＝お札でいっぱいになる」ともいわれますし、新月の時期に買うと「月が満ちていく＝財布が満ちていく」ともいわれます。

また「寅《とら》の日」「天赦日《てんしゃにち》」「一粒万倍日《いちりゅうまんばいび》」など、暦の上で縁起のいい日を選んで買いに行ってもいいでしょう。

・成功者のお財布を「予約」する

芸人の間では、「今田さんの長財布」というのが半ば伝説になっています。

今田耕司さんの使っていたお財布は、吉本興業の芸人さんから芸人さんへと受け継がれており、受け継いだ人は必ず売れる……。いつしか、そんなふうにいわれるようになっているのです。

この例のみならず、芸能界では、成功した先輩から駆け出しの後輩に、新品のお財布に5千円くらい入れてプレゼントする、という風習があります。先にちょっとでもお金を入れることで、「自分が使ったお財布をあげた体《てい》」になるというわけです。

実践しやすい人、しづらい人に分かれてしまうかもしれませんが、もし状況が許せば、**尊敬できる上司や、運よく巡り会えた成功者に、「そのお財布、買い換えるときには、私にください！」と予約するのもいい**でしょう。

お金を入れるためのお財布。

それが、自分の憧れる上司や成功者が使い込んできたものだったら、その人にあやかる形で、金運が上がるのも必然という気がしてくるはず。

そう思うだけでも勇気りんりん、百人力を得た気持ちで、仕事や人付き合いに勤《いそ》しむことができるようになるでしょう。

◉宝くじ高額当選者に共通すること

世の中には、なぜかたびたび、宝くじで高額が当たる人がいます。

なぜか、といいつつも、お話をお聞きしていると、単なる偶然ではないのかも……と思えてきます。

というのも、互いに見ず知らずの他人であるにもかかわらず、高額当選者の方々には、四つほど共通する習慣があるからです。

まず、**宝くじを買いに行く前日は、酒を断《た》ち、お肉を食べる**こと。

日本酒には清めの力がありますが、アルコールを摂取すると頭が鈍ります。頭が鈍ると、運も鈍る、という本能的な勘なのか、宝くじを買う前日は、お酒全般を飲まないという人も多く見られるのです。

また、お肉を食べるというのは、動物の本能や生命力を体内にとり入れることが、強運を招くということなのでしょう。

二つめは、**宝くじは午前中に買う**こと。

太陽が東から顔を出してから南の天上にまで昇り切る午前中は、万物のエネルギーがもっとも高まる時間帯です。その間に、人間の直感も冴え渡り、それに引きつけられるようにして運も高まると考えられます。

三つめは、**縁起のいいお金で宝くじを買う**こと。

これには、「幸運には幸運が引き寄せられる」というメカニズムが働いているといえそうです。

目上の方にいただいたお小遣いや、何かの賞金、前回の宝くじで当たったお金、これらは「ただのお金」ではなく「幸運を含んだお金」であり、次の幸運も引き寄せるパワーが宿っていると考えられるのです。

そして四つめは、**ゴミを拾いながら宝くじを買いに行き、買った後には、売り場の周辺を一周して、ゴミを拾う**こと。

これは、改めていうまでもないかもしれませんね。「徳」を積む人には、幸運が訪れるというわけです。

以上の四つが、高額当選者に共通する習慣。これらに加えて、宝くじの扱い方や、買い方のコツもあります。

扱い方の基本は、**「宝くじを、人間と同じように扱う」**こと。

宝くじは、買ったときはビニール袋に入っていますよね。

家に帰ったら、必ずビニール袋から出します。

そして財布などに入れっぱなしにするのではなく、家のなかでも、特別な場所に置いておきます。といっても、引き出しなどにしまいこむのではなく、つねに目に付く場所に、大切に置いておきます。

「人間と同じように」と考えれば、うなずけるでしょう。

宝くじに当たる人は徳を積む

ビニール袋に入れっぱなしでは、呼吸ができません。財布や引き出しでも、息苦しいはずです。それに、目につかないところにしまい込まれたら、存在を忘れられて、寂しい思いをする恐れもあります。

だから、ビニール袋から出して、**つねに目につく場所に、大切に置いておくのです。**

実際、目につくところに置いておけば、当選していたことに後から気づいた……！　という残念な事態を避けることもできます。

宝くじの買い方のコツとしては、「バラ10枚、連番10枚」がいいと、よくいわれます。これは、言い換えれば**「マメに買ったほうが当たりやすい」**という、いってしまえば当たり前のコツです。

宝くじは1枚300円ですから、「バラ10枚、連番10枚」で買うと合計20枚で、6千円。

「今回こそ、絶対、当たれ！」と目を血走らせ、10万円を1回の宝くじにつぎ込むより、**「当たったらいいな」「もし当たったら、何に使おうかな？」というくらいの気持ち**で、宝くじが発売されるたびに、6千円分を買う。

同じ10万円でも、「1回で買う額はそこそこ、ただし毎回、買う」という買い方のほうが、当たりやすいというわけです。

僕からすると、そこには、心理的なものも関係しているように思えます。

ひと言でいえば、それは「楽しむ気持ち」。

宝くじは、そもそも、みんなが宝くじを買ったお金が、さまざまな慈善事業に使われるという仕組みです。資金集めの一つの売りとして、「お金を出してくれた人のなかから抽選で、お金が当たりますよ」というわけです。

こうした性質のものに、「絶対、当ててやる！」という、自分本位な念だけを込めるのは、ちょっと違うのではないでしょうか。

だから、「当たったらいいな。もし当たったら、何に使おうかな？（でも当たらなくてもオッケー）」というくらい、前向きにとらえる。

宝くじを買うという行為を、年に何度か、６千円ほどで参加する「イベント」のようにとらえて、ワクワク楽しむ。

前にも書いたように、運は、ポジティブな人が大好きです。

その性質からしても、**宝くじを買うこと自体を気楽に楽しめる人のほうが、金運の神様、くじ運の神様にも微笑んでもらえる**気がするのです。

◉「金運が上がる部屋」は、どんな部屋？

風水的に**「金運の上がる部屋」**は、第一に、**「見えている床面積が大きい」**こと。つまりモノが散乱しておらず、スッキリと片付いていることです。**風通しのいい部屋は「気」の巡りがよく、運気も上がりやすい**とされているのです。

クローゼットや本棚などの収納スペースも、ぎゅうぎゅう詰めにモノが入っていると気が淀《よど》んでしまいます。金運を上げたいのなら少し断捨離をして、風通しをよくしておくといいでしょう。

部屋ごとにも、いくつか金運アップのカギがあります。

まず、**トイレは、家の中でもとくに金運に関係する場所**です。

つねにトイレは清潔にしておくこと。フタを開けっ放しにしていると、便器から悪い気が上ってきて部屋にまで充満してしまうため、**フタは必ずしめて**おきます。さらに「炭」を置くと、より気が浄化されます。

トイレに流れている悪い気を、部屋のなかに運んでしまわないように、**トイレにはマットを敷き、トイレ専用のスリッパを置く**ことも重要です。

また、トイレには、**時計やカレンダーなど、「時間」に関するものは置かない**ほうがいいといわれています。

というのも、時計やカレンダーが、トイレに流れる悪い気に影響を受けてしまうからです。すると、大事な予定をすっぽかしてしまったり、ダブルブッキングしたりなど、時間やスケジュールに関する失態が起こりやすくなるのです。

自宅内の仕事部屋やオフィスには、「山」「城」の絵や写真がおすすめです。「日本の城」「世界の名山」など、山や城をテーマにしたカレンダーもいいでしょう。

天高くそびえる山や城は「上昇」や「向上」を意味するため、仕事に関係する部屋に飾っておくと仕事運アップから金運アップへとつながります。

そして**玄関には、観葉植物**を置きます。
植物は「気のフィルター」のように機能し、玄関から入ってくる悪い気は排除し、いい気は通してくれます。観葉植物のなかでも、ガジュマル、パキラ、ユッカ、ドラセナ、カネノナルキは、金運を招いてくれる木とされています。

観葉植物はリビングや仕事部屋、オフィスに置くのもいいのですが、何を置くかには一つポイントがあります。

丸い葉っぱの植物には、気持ちを落ち着かせる効果があるため、「リラックスする場所」であるリビングに適しています。

一方、**ギザギザした葉っぱの植物には、気をシャキッとさせ、邪気を払う効果があるため、「バリバリがんばる場所」である仕事部屋やオフィス**に置くといいでしょう。

せっかく置くのですから、観葉植物のお手入れも丁寧にしたいものです。とくに**枯れた葉っぱは、「衰退」「枯渇《こかつ》」などを意味するため、マメにとり除いて**ください。

会社経営者にも、オフィスに植物を置いているという方は多いようです。なかには

「いい気」が巡る部屋は金運を招く

きちんと世話をしても不思議と植物が枯れてしまうため、「ここの気は悪い」と判断してオフィスを移転した……という方もいらっしゃいました。

「いい気」が巡る部屋は、金運を招く部屋でもあります。

風水では方角なども重視されますが、まず今の家でできること――清潔で、風通しがよくて、観葉植物があって、何より自分や家族が気持ちよく過ごせる場所づくりをすることが、金運を上げる部屋の第一条件です。

◉「数秘術」で今年の金運を占う

「一年の計は元旦にあり」なんていいますが、年のはじめに自分の運気を知っておくと、その一年を、より金運が上がりやすいように過ごせるでしょう。

これからお話しする**「数秘術」は、誕生日から算出される数字によって、その年々の運気や、自分の持って生まれた性質などを占う**もの。手相と同様、膨大な統計データに基づいて確立されてきた「実証的な占い」です。

運気といっても、「良い、悪い」といった話ではありません。

数秘術を通して、その年の「自分のテーマ」がわかり、それを意識して過ごすと、より開運しやすいという話なのです。

では、数秘術の計算方法と占い方を見ていきましょう。

まず、その年の西暦と自分の誕生日の数字を、1ケタになるまで足していきます。

今年のテーマがわかる「数秘術」

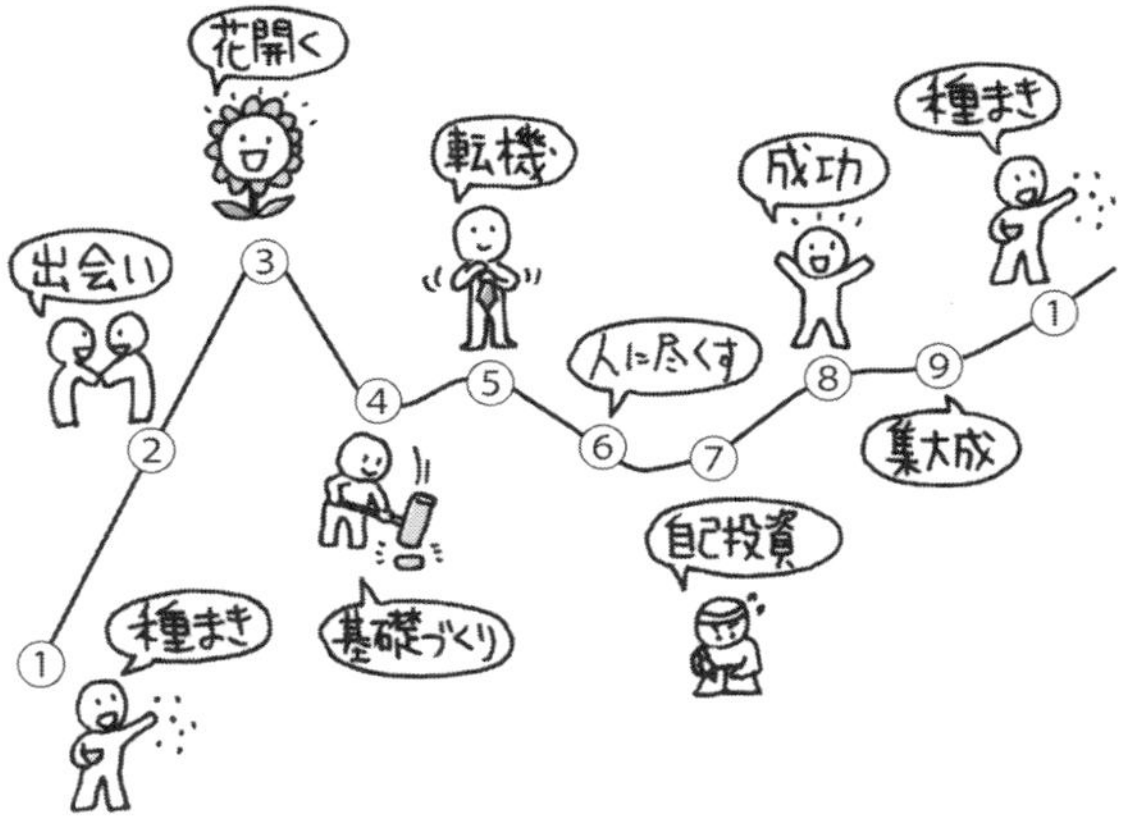

その1ケタの数字が、今年のテーマを示す数字です。

たとえば2019年の運気を占うとしたら、12月5日生まれの僕の場合は、「2+0+1+9+1+2+5=20」で「2+0=2」なので、2019年の僕のテーマを示す数字は「2」となります。

では「2」が何を意味するかというと、次のリストにあるように「出会いの年、人脈づくりに向いている年」。僕にとっては、いつも以上に人付き合いに重きを置き、積極的になることで、金運がアップする年ということでしょう。

1～9それぞれに、ラッキーカラーもあります。手帳、スマホケース、下着、ネクタイなど、つねに持ち歩くものや身につけるものにとり入れてみてください。

1……スタートの年。種まきの年。一つだけに決めず、可能性を感じるものにちょっとずつお金を使ってみるといいでしょう。ラッキーカラーは「赤」。

2……出会いの年。人脈づくりに向いている年なので、交際費をケチらず、積極的に人と出会いに行きましょう。ラッキーカラーは「シルバー」。

3……花開く年。思い切り楽しみたい年。趣味など自分の好きなことにお金を使うのも、この年は大アリ。ラッキーカラーは「ゴールド」。

4……地盤固めの年。基礎づくりに向いている年。不動産運も上がるので、引越しや住宅購入もうまくいきやすいはず。ラッキーカラーは「青」。

5……転機の年。新たなチャレンジの年。転職や独立をするなら、この年が適しています。ラッキーカラーは「緑」。

6……自己犠牲の年。あまり自分のお金にならないことでも、「損して得とれ」の発想で一生懸命とり組みたい年。また、人に尽くすためにお金を使いたい年。ラッキーカラーは「ピンク」。

7……自己投資の年。勉強に向いている年。資格取得など仕事につながることと、新しい趣味になりそうなこと、両方にお金を使ってみると、仕事も人間関係も幅が広がり、金運も上がるでしょう。ラッキーカラーは「紺」。

8……成功の年。自然体でうまくいく年。それほど熱心に追い求めなくても、金銭的な実入りが増えるはず。ラッキーカラーは「オレンジ」。

9……けじめ、集大成の年。今までの流れに一区切りつけ、翌年の新たなスタートに向けて準備したい年。お金の面では、改めて日々の出費を振り返ってみたり、保険などを見直したりするといいでしょう。ラッキーカラーは「紫」。

また、**年によっては、1ケタになる前の数字が「22」になることが**あります。

2019年でいうと、誕生日が5月5日の人。これは**「大変動」と呼ばれ、じつは人生に大きな変化が起こる年になる可能性が高いことを示している**のです。

ただ、気をつけたいのは、大変動の年は、自分の意識や行動によって、良い変化にも悪い変化にもなりうるということ。

良しにつけ、悪しきにつけ、自分の思ったことや口に出したことが現実になりやすいという不思議な年なのです。

夢や目標、理想を掲げて一生懸命がんばる人には大飛躍が待ち受ける一方、愚痴をこぼしたり怠けすぎたりしていると、たった1年の間に大転落……ということにもなりかねません。

これは、知って過ごすのと知らずに過ごすのとでは大違いでしょう。

今年の自分は「22＝大変動」だとわかったら、いっそう普段の言動、行動には気をつけて、より前向きな気持ちで過ごしてください。すると、金運を含めたすべての運が、大きく花開きます。

●「運命数」で自分を深く知る

「数秘術」では、「運命数」から、自分のもって生まれた性質などもわかります。

「運命数」は、生年月日の数字を足していった末に導き出される、1ケタの数字。

1977年12月5日生まれの僕だと、「1＋9＋7＋7＋1＋2＋5＝32」「3＋2＝5」で、運命数は「5」ということです。

1〜9それぞれの数字によって、次のように、「基本性格」から「向いている仕事」、「お金の傾向」、「吉日（運のいい日）」、「ラッキーカラー」が違います。

前項では、年ごとに変化するラッキーカラーを紹介しましたが、これから紹介する**「運命数」のラッキーカラーは、自分がもって生まれたもの、不変のもの**です。

とり入れ方に厳密なルールはありませんが、どちらかというと、財布など長く使うものには、毎年変わるラッキーカラーより、こちらの「運命数」のラッキーカラーをとり入れるといいと思います。
では、運命数ごとに、持って生まれた性質を見ていきましょう。

運命数が「1」の人

●基本性格

頭の回転が速く、独創的で、活力、野心、意欲、行動力がある。革新的な考え方で周囲に影響を与える。また、人の才能を見抜くことにも長けている。面倒見がよく、人を元気づけることも得意。

怠け者で、都合が悪くなると逃げ足が早いという一面も。飽きっぽく落ち着きがない。多くを求め、傲慢で自己中心的になりやすい。自信過剰と自信喪失の間を揺れ動いている。

●仕事

コミュニケーションが必要な分野で圧倒的な才能を発揮する。資質的にはリーダー的な立場が向いている。心がぶれないように、最後まで責任を持つことで、その資質を活かせる。

●お金の使い方

お金の貸し借りは避けたほうがいい。

●吉日（運気の上がる日）

3がつく月、日（3月、3日、13日、23日、30日、31日）

●ラッキーカラー

赤

運命数が「2」の人

●基本性格

インスピレーションが人並み以上に働き、神聖なもの、美しいものを感じとれる繊細な感性の持ち主。マイペースで、人から指図されることが苦手。平凡なことでは満足できず、つねに新しい夢や理想を思い求めて行動する。

人と協力して何かをすることで成長する。思いやりがあり、他者の気持ちを敏感に感じとれる。褒められて伸びるタイプだが、単なるお世辞やおだては敏感に見抜く。

デリケートで傷つきやすい。観察力が強いために人の欠点が目につき、短気でケンカ腰になりやすい一面も。水の近くにいると精神的に安定する。

●仕事

接客業、営業、占い師

●お金の使い方

計画性のある節約家。宝くじ運がある。

●吉日

4がつく日（4月、4日、14日、24日）

●ラッキーカラー

シルバー

運命数が「3」の人

●基本性格

楽しいことが大好きで、つねに夢中になれるものが必要。社交的で自然と周囲に人が集まる。創造力が豊かで飲み込みが早い。あれこれ考えるより直感にしたがったほうがうまくいきやすい。

世話好きで、いろいろな人を結びつける能力がある。生真面目な一面もあり、物事を深く理解するために1人で物思いにふけることもある。負けず嫌いで向こう気が強く、ときには、わがままや意固地になったりする。

心配性、忍耐力不足の一面も。良くも悪くも母親の影響が強い。内面は繊細で自信を失いがちだが、周囲からはプライドが高い、自信家、自己主張が強いという誤解をうけることもある。

●仕事

芸術分野の才能に恵まれていることから、デザイナーなど。ただしストレスを溜め込まない工夫が必要。お金儲けの才能もある。

●お金の傾向

趣味や洋服にお金をつぎ込む傾向がある。金銭の貸し借りは避けたほうがいい。

●吉日
5がつく月、日（5月、5日、15日、25日）
●ラッキーカラー
ゴールド

運命数が「4」の人

●基本性格
統括力、判断力、自己管理能力に長けている。自分が思ったようにしたい気持ちが強く、人から指図されることが苦手。

魅力にあふれ、人当たりがいい。周りの人に刺激を与える。天性のコミュニケーション能力があるが、自分を守るために苦手な相手を排除しがちだったり、自分の認めた人の話しか聞けなかったりする一面も。良くも悪くも父親の影響が強い。

本来はポジティブだが、落ち込むとなかなか立ち直れない。できない人をバカにしたり、上から目線になったりしがち。強情で独断的な点は要注意。

●仕事

起業家、手に職つけるタイプの仕事に向いている。責任感が強く、リーダーシップがとれる。仕事で成功しやすいが、仕事人間になりがち。

●お金の傾向

資産運用で大金を手にするタイプだが、浪費癖も。とくに見栄から散財しがちであり、収入は悪くないのに、なかなか貯められない。

●吉日

6がつく月、日（6月、6日、16日、26日）

●ラッキーカラー

青

運命数が「5」の人

●基本性格

理想と夢を追い求めるロマンチスト。つねに若々しくエネルギッシュ。好奇心、知的欲求が強い。周囲にどう映っても根は真面目で、行動力、判断力に優れている。変化を求める傾向が強く、新しい環境への適応能力も抜群。物質的な財産よりも心豊かに生きることを求める。

飽きっぽく、一つのことにじっくりと取り組むことが苦手。両親からの影響が強く、親のために自己犠牲を払うこともある。意外と執念深い一面もある。無責任になりがちな点には要注意。

●仕事

人に教える仕事、アミューズメント系、マスコミ系。ツアコンやCAなど各地を飛び回る仕事も向いている。

●吉日

7がつく月、日（7月、7日、17日、27日）

●ラッキーカラー

緑

運命数が「6」の人

●基本性格

愛情が深く、正義感が強い。新しいもの好きで、安定を嫌う。刺激を与えてくれる仲間が必要。社交性があり、人に親切。多くの人に好かれるが、嫉妬心や独占欲が強い傾向もある。恋人や友人の人間関係に敏感で、「裏切られた」と感じると許せない。自分の好みを人に押し付けないように注意したほうがいい。

話好きと見えて、本当は自分の本心を明かしにくい。神経質で、人に気を遣いすぎる一面もある。優柔不断。気まぐれ。自由奔放だが孤独に弱い。

●仕事

法律系、医療系、福祉系。

●お金の傾向

お金の貸し借りは避けたほうがいい。

●吉日

8がつく月、日（8月、8日、18日、28日）

●ラッキーカラー
ピンク

運命数が「7」の人

●基本性格
天真爛漫で、愛すべき「お調子者」キャラ。鋭い洞察力、分析力があり、マルチな能力を発揮する。真面目な努力家で、落ち込むと長引くことが多い。

傷つくと殻にこもる傾向が強いが、とくに動くことで運が開けるタイプなので、なるべく落ち込んだときでも引きこもらないほうがいい。反面、1人の時間に大きく成長するタイプなので、1人の時間を確保することも大事。

異性に甘く、同性に厳しい。疑い深い、感情の起伏が激しいという一面もある。

●仕事
器用になんでもこなせるが、器用貧乏にならないように注意。

●吉日

9がつく月、日（9月、9日、19日、29日）

●ラッキーカラー

紺色

運命数が「8」の人

●基本性格

穏やかで、人から親しみを感じられやすい。あまり表には出さないが、心の奥には強烈な感情を秘めている。感受性、意志、正義感が強い。やるときは、とことんやるタイプだが、いきなり方向転換することも多い。

理想が高めで、周囲の人にも同様に理想を求めがち。それに応えてもらえないと不満を抱く。正義感の強さから、正論で相手をやり込め、逃げ道を奪ってしまうことも多い。自分を信頼してくれる人には徹底的に尽くす傾向がある。

●仕事

色彩感覚や美的センスがあることから美容系。正義感が強いことから司法系やお金関係。

●お金

金運は強いが、食事に散財しがち。

●吉日

10がつく月、日（10月、10日、20日、30日）

●ラッキーカラー

オレンジ

運命数が「9」の人

●基本性格

記憶力がよく、知的で高い戦略眼がある。想像力も豊か。目標達成のために休まずに活動できる。天真爛漫な顔の下に、冷静で現実主義的な顔もある。

内面の不安や心のぐらつきを隠すために、周囲からは強引ととられるような言動を見せることがある。とくに年上の人に好かれるような魅力がある。

つねに行動していないと不安になる。好印象を与えたいがために、人からどう見られているかを気にしすぎる傾向も。落ち着きがなく、衝動的に行動することもある。人の欠点にはよく気づくが、自分の欠点には気づきにくい。

●仕事
作家や作曲家。人から必要とされたい、人の役に立ちたい気持ちが強いことから、ボランティア団体職員、政治家。

●お金
貢がないように注意。お金の貸し借りのトラブルにも注意。

●吉日
2がつく月、日（2月、2日、12日、22日。また、足して2になることから11月）

●ラッキーカラー
紫

◉ずば抜けた才能を発揮する可能性大！「マスターナンバー」

「運命数」を出すときに、ひとケタになる直前のふたケタの数字が「ゾロ目」になる人がいるかもしれません。

これは**「マスターナンバー」と呼ばれ、その人が、ずば抜けた才能を発揮し、大成する「選ばれた人」**であることを意味します。どのような形で大成するかは、次のように、ゾロ目になる数字によって違います。

- 「11」……スピリチュアル
- 「22」……リーダーシップ
- 「33」……カリスマ

じつは以前、マスターナンバーの持ち主が本当に人並みはずれた能力を発揮しているのか、冬季オリンピックのフィギュアスケートの選手で調べてみたことがあります。結果、トリノ大会、バンクーバー大会、ソチ大会、平昌《ピョンチャン》大会の過去4大会、男子シングル、女子シングル合わせて**8人の金メダリストのうち、なんと羽生結弦選手を含めた6人が、カリスマを示す「33」**でした。そのほかにも、

- 「11」……美輪明宏さん、細木数子さん、おすぎ&ピーコさんなど
- 「22」……伊藤博文、坂本龍馬、ソニー創業者の盛田昭夫さんなど
- 「33」……山口百恵さん、福山雅治さん、市川海老蔵さんなど

など、やはり「マスターナンバー」の持ち主には、何かしら、飛び抜けて秀でた素質があることが見てとれますね。僕は残念ながら「マスターナンバー」ではないのですが……。さて、みなさんはどうでしょうか？

◉指は運の入り口、手のひらは運の貯蔵庫

さて、次の章で金運にまつわる手相について具体的に紹介していきますが、その前に一つ、「手にまつわる開運習慣」を紹介しておきましょう。

一説には**「指は運の入り口」「手のひらは運の貯蔵庫」**といわれています。とくに薬指の下がプクッと膨らんでいる人は、金運の貯蔵庫が大きいとされます。

指先がアンテナのようにして運をとらえ、その運が手のひらに貯められていく、というのは、たしかにイメージしやすく、うなずける話ではないでしょうか。

指が運の入り口であるならば、やはり、**指先はつねに清潔にしておきたい**もの。

仕事や家事で手が汚れやすい、荒れやすいという人も、ぜひハンドクリームなどでケアしてください。きれいな指先には、幸運が引き寄せられてくるはずです。

また、**お金持ちには「手がすごく柔らかい」という、不思議な共通点が**あります。

ふくよかということではなく、フワッフワに柔らかいのです。とくに秋元康さんは、本当に柔らかい手をしていたのに驚かされました。そんな柔らかさを目指して、毎日、手をマッサージするのもいいかもしれません。

開運の兆しを、人工的につくってしまう**「開運ネイル」**というのもあります。

手相の世界では、**爪に白い点、「白点」が現れると開運のサイン**といわれています。白点が現れる指ごとに意味合いが異なり、親指は家族運や健康運、人差し指は名誉運、中指は対人運と恋愛運、薬指は金運、小指は仕事運と勉強運が向いてくるサインです。

この「白点」を、自分で入れてしまおうというのが、「開運ネイル」です。ネイルをするときに、たとえば金運アップを願って、薬指の爪に白いマニュキュアでドットを入れたり、ストーンをつけたりするといいでしょう。

ネイルというと女性限定のコツになってしまいそうですが、男性でも、白のマニキュアや修正液で密かに白い点を書くというのもありかもしれませんね。

ただし、すべての運を上げたいからといって、すべての指に同時に開運ネイルをするのは、おすすめしません。

アンテナが混線するように、やってくる運が分散してしまって、結局、どの運もとらえることができなくなってしまうからです。

「今週は重要な仕事があるから、仕事運をあげる小指に」

「今週は大きな商談があるから、金運をあげる薬指に」

「今週は楽しみな合コンがあるから、恋愛運をあげる中指に」

「今週は昇進の試験や大事な大会があるから、名誉運をあげる人差し指に」

「今週はハードで体調を整えたいから、健康運をあげる親指に」

こんな感じで、上げたい運ごとに開運ネイルをするのがおすすめです。期間は、1週間ほどを目処《めど》にするといいでしょう。

5章

手相が示す、あなたの金運

——自分を知れば、金運は高まる

◉手相は自分の「トリセツ」であり「羅針盤」

「手相芸人」を名乗らせていただくようになってから、本当にたくさんの方の手相を見てきました。

今なお、手相に対する学習欲が尽きることはありません。と同時に、実際に見せていただく数が増えれば増えるほど、やっぱり手相っておもしろい……！

「名は体を表す」といいますが、僕からすると、「手は体を表す」。そういってもいいくらい、手相には、人物そのものが反映されているなと思うことが多いのです。

手相占いでは、良い、悪いと断じることはできません。

それぞれの線に、良い悪い以上の意味があり、その意味を受け入れ、日々の暮らしに活かすことが、開運につながります。

哲学者のカントは、「手は体外に出たもう一つの脳である」といったそうですが、なるほど、そのときどき自分の傾向が手に現れると考えれば、納得がいきます。

そう考えると、手相は、自分を知るための一つの手段。また、今後、生きていく一つの指針となるものといってもいいでしょう。

しかも、同じ手相は、二つとして存在しない。いうなれば、**手相は世界でたった1人しかいない自分の「トリセツ」であり、「羅針盤」**なのです。

出ている相に一喜一憂するのではなく、それを踏まえて、今の時期はどんな心構えで過ごしたらいいのか、どういうことにとり組み、逆にどういうことを避けたほうがいいのか――。

そんなふうに考えて、手相を、よりよく豊かな人生にしていくヒントとしてもらえればと思います。

ちなみに、よく「右手と左手、どちらを見たらいいですか?」と聞かれるのですが、**右手には「持って生まれた性質」、左手には「今現在」が現れる**といわれています。

ですから、今の自分が、どんな運気になっているのかを知るには、左手を見るといいでしょう。

さらに、右手と左手を見比べるのも、おすすめです。もし、右手より左手のほうに、強運の相が出ていたら、自分が持って生まれた性質以上に、運を引き寄せているということ。まさに、生まれてから自分で運を切り開いたということですから、もっと自信をもって生きていけるでしょう。

逆に、もし右手のほうが、明らかにいい手相になっていたら、自分が本来、持っているはずの運に、まだ追いついていないということ。

つまり、それだけ自分には「伸びしろ」があるということです。そう考えれば、右手に現れている相を信じて、いっそう、いい人付き合い、いい仕事を目指していけるはずです。

さて、手相にはさまざまな線がありますが、基本は次の六つです。線の濃さや長さには個人差があり、線がない場合もあります。

手相の基本６線とは？

① 生命線　④ 運命線
② 感情線　⑤ 金運線
③ 頭脳線　⑥ 結婚線

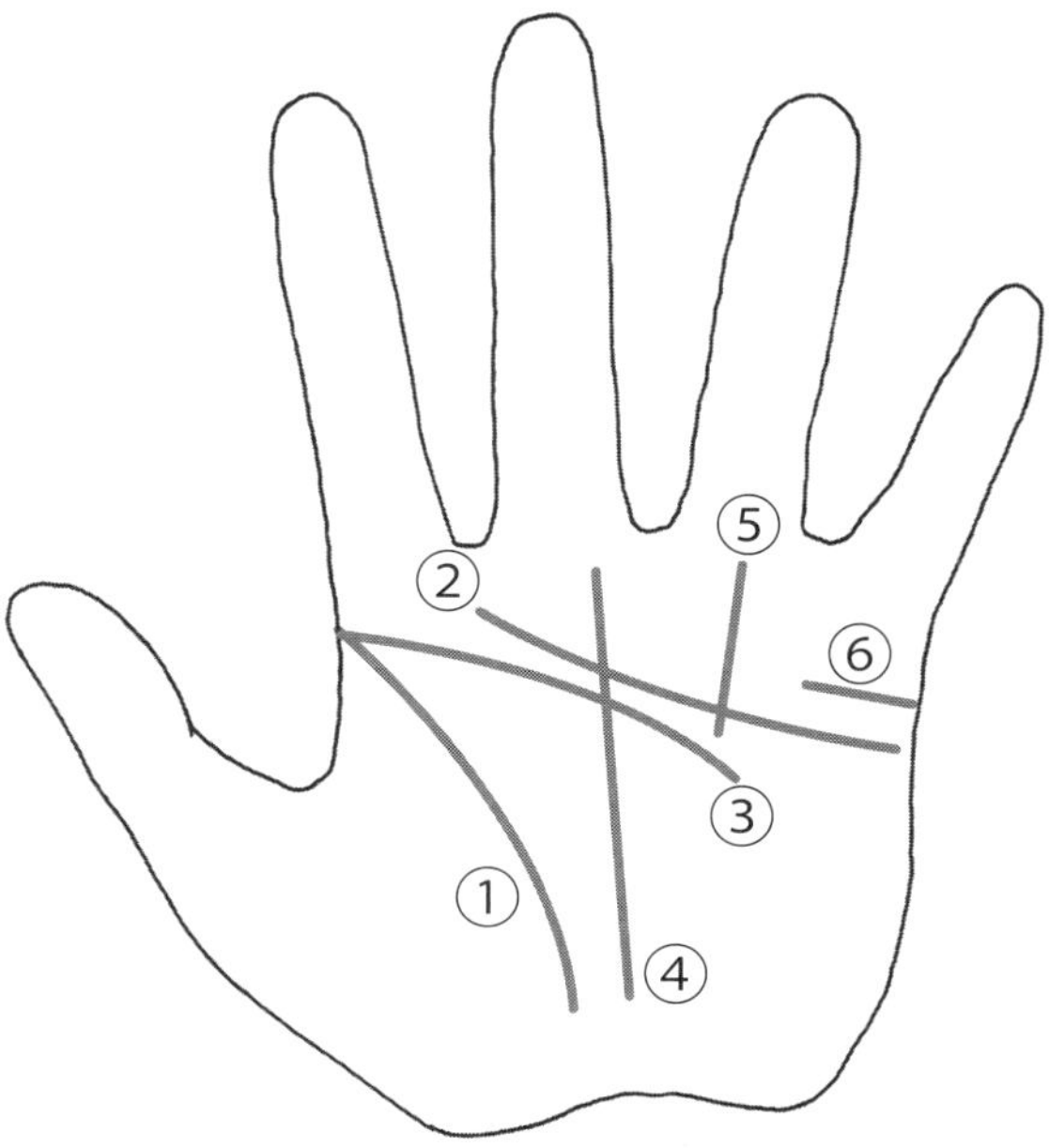

◉この線が目立ってきたら「金運アップ」の兆し――金運線

金運といえば、まずは、そのものズバリ、「金運線」を見てみましょう。

金運線は、薬指の下からスーッと下に伸びている線です。この線が濃く、長いほど、金運がいいということです。

以前、なんと通算20億円以上も宝くじを当てたという「宝くじ長者」のおじいちゃんの手相を見せていただいたことがあるのですが、金運線が、手首のほうにまでビーッと、はっきり、くっきり入っていました。

今、手のひらを見ながら「金運線が薄い……」なんてガッカリしている方。金運線が薄いのは、もしかしたら、今のお金の使い方や、お金を稼ぐ手段である仕事に、何か見直すべき点や、改善すべき点があるということかもしれません。

金運線の見方

濃く長いほど金運がいい

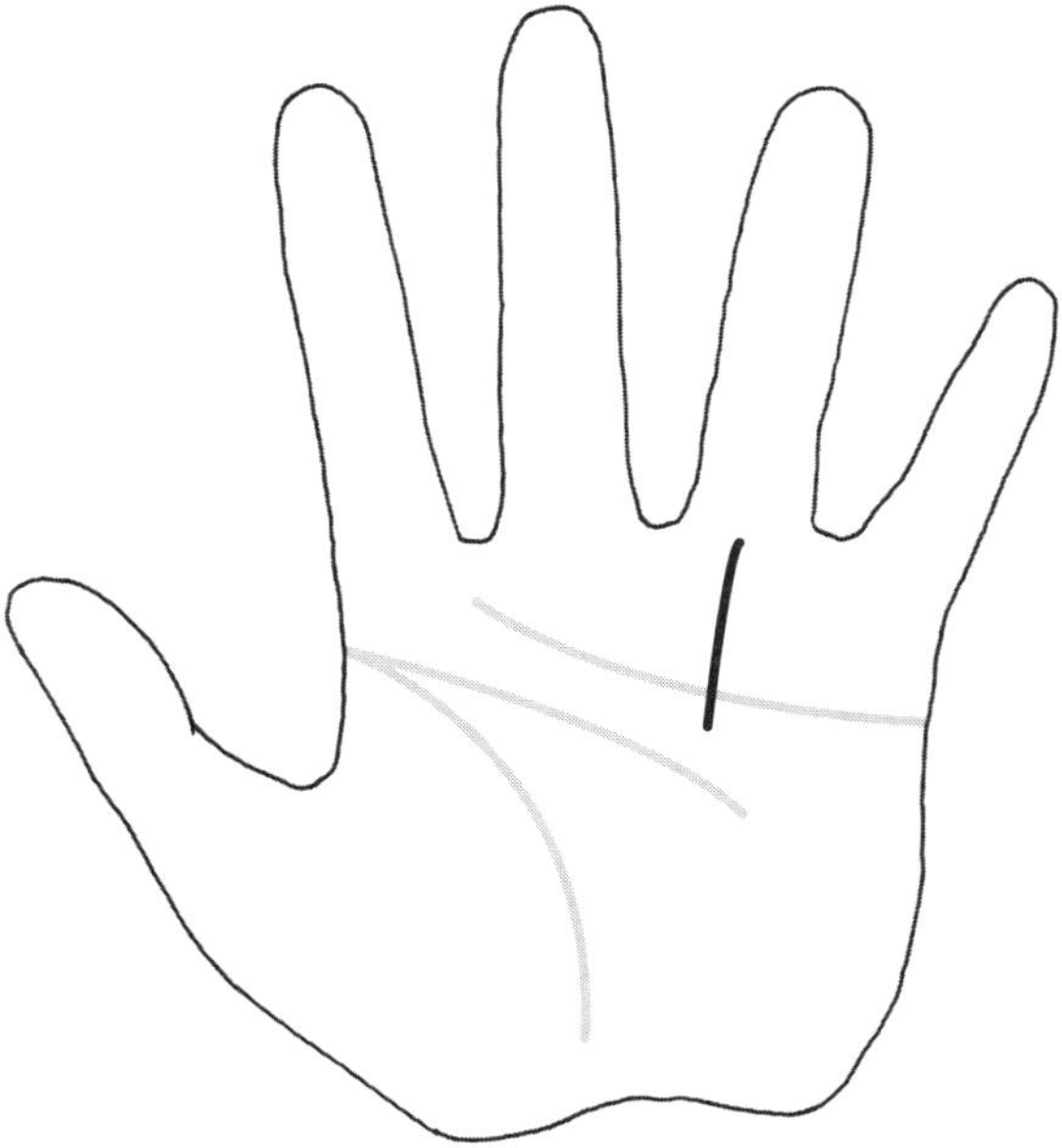

薬指の下から伸びて感情線で止まる金運線は、堅実なコツコツ貯蓄タイプの証。金運線がまったくない、あるいはとても短い人はお金への執着が薄い夢追い人。頭脳線まで伸びている人は、大きく稼いで大きく増やせる一攫千金型です。

金運線をきっかけに、ちょっと我が身を振り返ってみるのもいいでしょう。

手相は、変わっていくものです。通常3ヵ月で変化するともいわれていますが、数日で変わることもあります。

とくに金運線は、変化が出やすい相です。お金の使い方や仕事を見直すうちに、金運線も徐々に変わっていくでしょう。

金運線が濃くなってきた、長くなってきた……そんな変化が見られたら、自分を見直したことがうまくはまって、金運アップの兆しが見えてきたということ。

逆に薄くなったり短くなったりしたら、まだまだ見直す余地があるということ。お金に対していい加減になっていなかったかな、だらしなくなかったかな、などと、ちょっと自分を戒めたほうがいいというサインだと思ってください。

こんなふうに、**金運線を「自分とお金の付き合い方」のバロメーターとして考える**と、金運アップにつながります。

◉金運線が「何本もある」のは「浪費家」の相！

先ほど見た**金運線が「薄いけれども何本もある」という人は、要注意。**

金運線が何本もあるから、お金にたくさん恵まれる……ということではなくて、これは、じつは「浪費家の相」なのです。

もしかして、「ちゃんと働いて、お金を得ているのに、なぜかお金が貯まらない」なんて嘆いていませんか？　「つい無駄遣いしてしまうんだよな〜」と自覚している方も、多いかもしれません。

金運線がたくさんある人は、**金運線が薄いだけの人以上に、お金の使い方を今すぐ見直したほうがいい**でしょう。たとえば、お金を使う前に、ひと呼吸。それだけでも、無駄遣いをだいぶ減らしていけるはずです。

◉自分の特技や趣味が仕事につながる――ビューティー線

金運線には、ほかにもいろいろな見方があります。金運線が曲がっている方向や、線の数や形……じっくりご自分の手のひらを見てみてください。

薬指の下からスッと伸びた金運線が、小指側に曲がっているのは、「ビューティー線」。

ＩＫＫＯさんや神田うのさんなどに出ている相で「ビューティー線」と呼んでいます。この方たちのような美的センスのみならず、自分の趣味や特技が仕事につながるという相です。

ちなみに、手相、都市伝説、怪談と、好きなことで仕事をいただいてきた僕にも、ビューティー線があります。

ビューティー線とは？

好きを仕事にする才能あり！

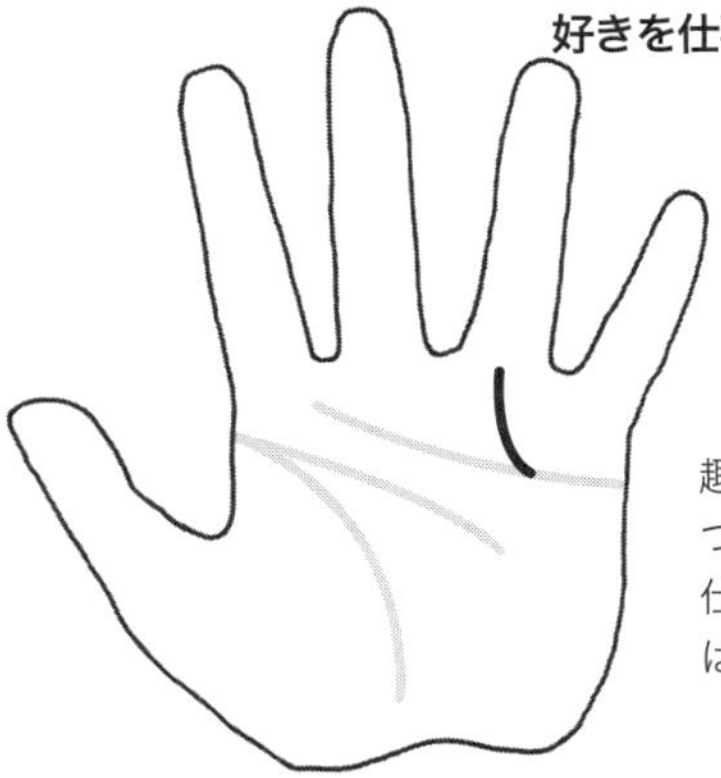

趣味や特技もお金につながります。「趣味と仕事は別」なんて考え方は今すぐ捨てましょう。

浪費家線とは？

宵越しの金は持たない江戸っ子気質？

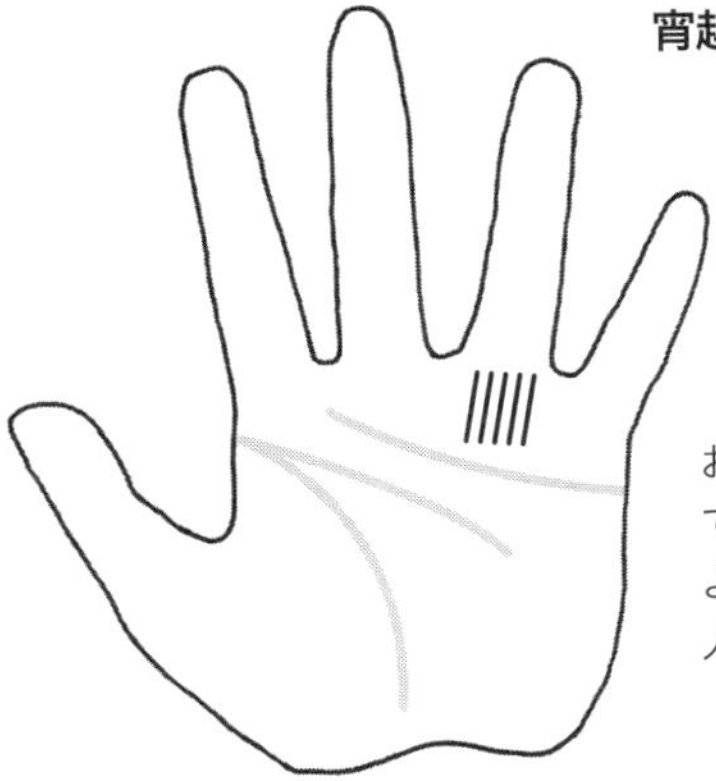

お金を貯めることは苦手ですが、お金を気持ちよく使うため、意外と人気者です。

◉第三者の協力で金運アップ!――サポート線

薬指の下の金運線に重なるかどうかというくらい近くに、沿うようにして入っている線は、「サポート線」。第三者の協力によって成功するという相です。

サポート線が内側（中指側）にある場合は、親兄弟や配偶者などの親族、外側（小指側）に入っている場合は、仕事で出会った人など親族外の人のサポートによって成功しやすいということです。

ですから、サポート線が内側にある人は、援助が必要になったり、仕事のアイデアが浮かんだりしたときには、まず身内に持ちかけてみるといいでしょう。

逆にサポート線が外側にある人は、異業種交流会や同業種交流会に出かけるなど、積極的に外部の人と出会っていくと、ご縁がお金につながっていきやすいでしょう。

サポート線とは？

この線の持ち主には、なぜか援助したくなる！

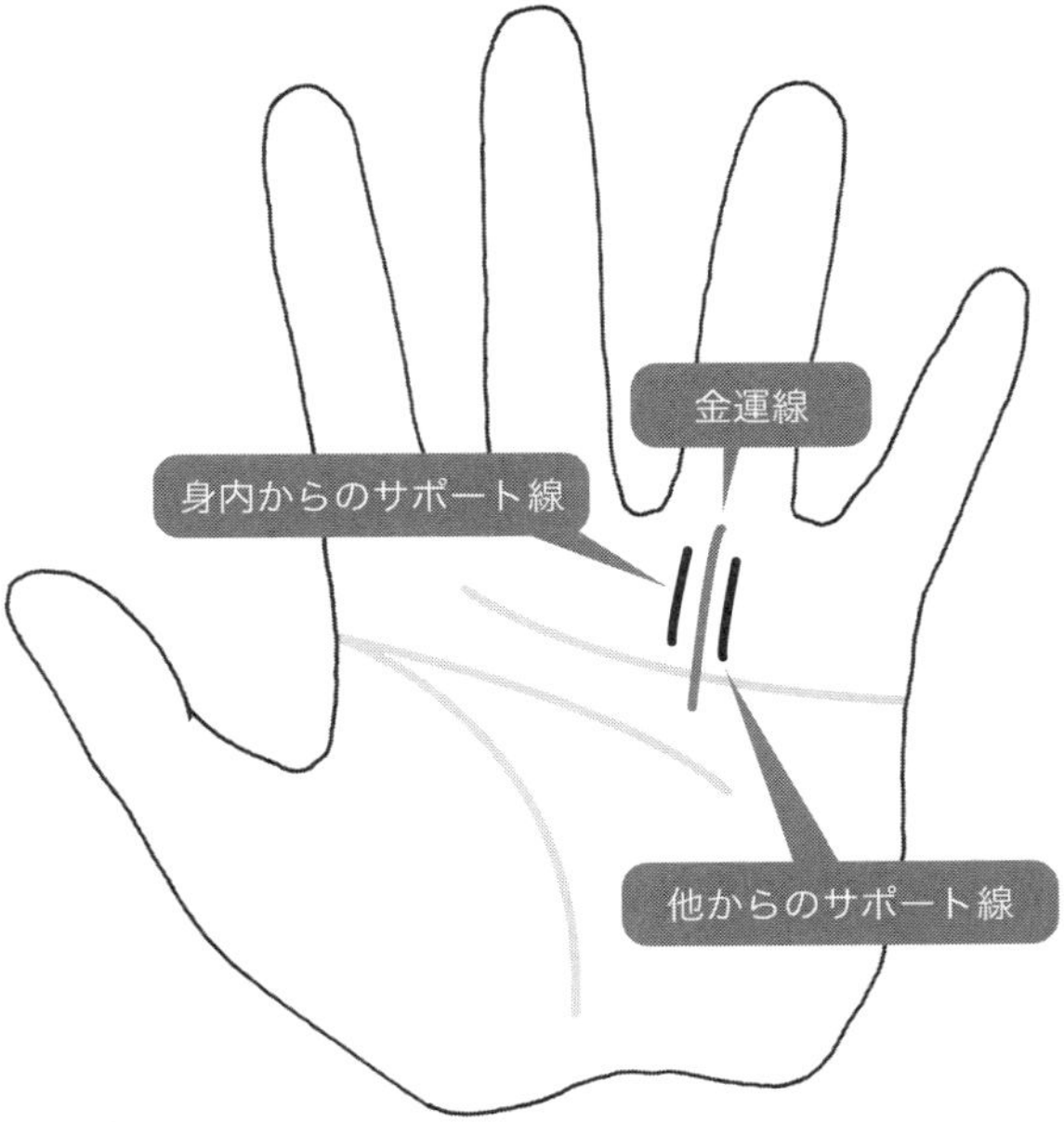

別名タニマチ線。この線が中指側にある人は、
家族や親せきからの援助が期待できそう。
小指側にある人は、知人から支援してもらえる可能性あり。
どちらもある人は、とても強い金運の相。

◉金銭トラブルや思わぬ出費に要注意——トラブル線

金運線の途中に、〇が入っていることもあります。手相占いでは「島」と呼ぶのですが、これが入っているのは「トラブル線」。

お金の貸し借りや詐欺などの金銭トラブルのほか、急に物が壊れて買い替えや修理の出費が生じたりする恐れもあります。

とにかく、お金に関することすべてに要注意というサインなので、**この相が出ている間は、家や車などの大きな買い物や、投資は避けたほうがいい**でしょう。

実際、ある芸能人の方にトラブル線が入っていたことがありました。すると、その1週間後くらいに、浴室の配管が破裂して百万円単位の修繕費がかかってしまったのです。みなさんも手に表れるサインを見逃さないようにしてください。

トラブル線とは？

金運線に島ができたら要注意！

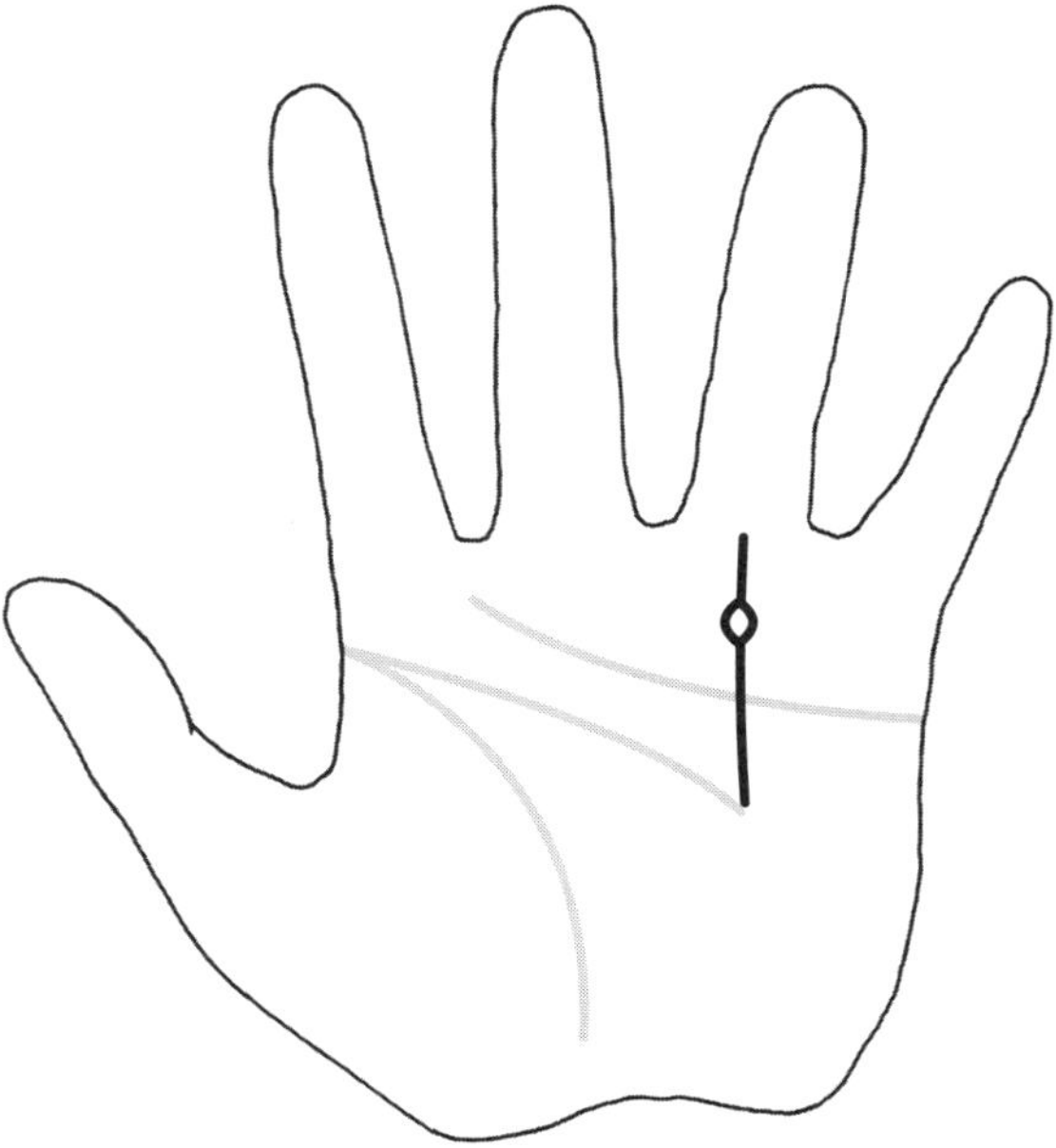

島ができたときは、大きな買い物などは控えましょう。
逆に、収入と収支のバランスを見直せば、
金運はよい方向に向かう可能性アリです。

◉努力が花開く日が近いかも――前途有望線

金運線の上下が「Y字」に枝分かれしていたら、うれしい兆し。「前途有望線」です。

金運線の**下側が枝分かれしているのは、今までがんばってきたものが根を張り、定着していくというサイン**です。

営業職の人だったら、いくつか手堅いお得意さんができる、独立してフリーランスになった人だったら、いくつかレギュラーの仕事ができるなど、安心してがんばっていける土台が築かれる兆し、といっていいでしょう。

そして金運線が**上側に枝分かれしていたら、今までコツコツ努力してきたことの収穫期が、いよいよ訪れるというサイン。**がんばりが根を張った結果として、仕事が大きな収入に結びつくといったことが、たくさん起こっていくでしょう。

前途有望線とは？

金運の花が咲く！　金運の根をはる！

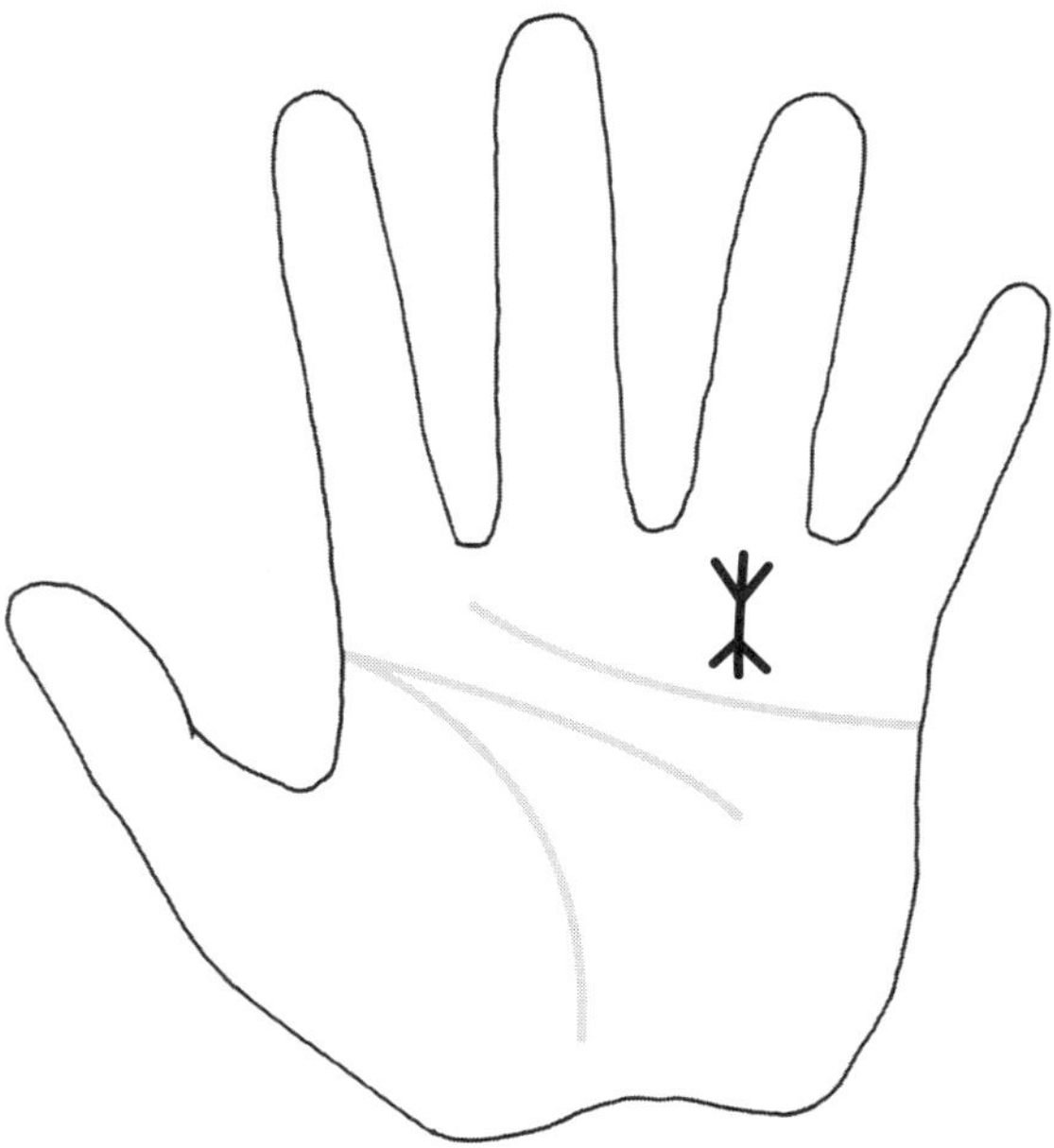

上側が枝分かれしているのは、「金運の花」の相。
これまでの努力が実りつつあるサイン。
下側が枝分かれしているのは、「金運の根」の相。
お金を生む準備が整いつつあるサインです。

◉両親からの「いい影響」で成功する――遺産線

薬指の下にある金運線が、グーッと親指の方向にカーブしていたら、それは「遺産線」です。

遺産というと不動産や株式、現金などが思い浮かぶと思いますが、遺産線が示すのは、金銭的に引き継ぐものとは限りません。

たとえば、二代目社長や有名芸能人の二世など、遺産線は、お父さんやお母さんが築いた功績を土台に成功していくという相なのです。

恵まれた環境に生まれたことを、引け目に感じることはありません。アドバンテージをつくってくれた両親に感謝しながら、やはり一生懸命、日々生きることで、いっそう大きく花開いていけるでしょう。

遺産線とは？

なぜかお金に困らない！

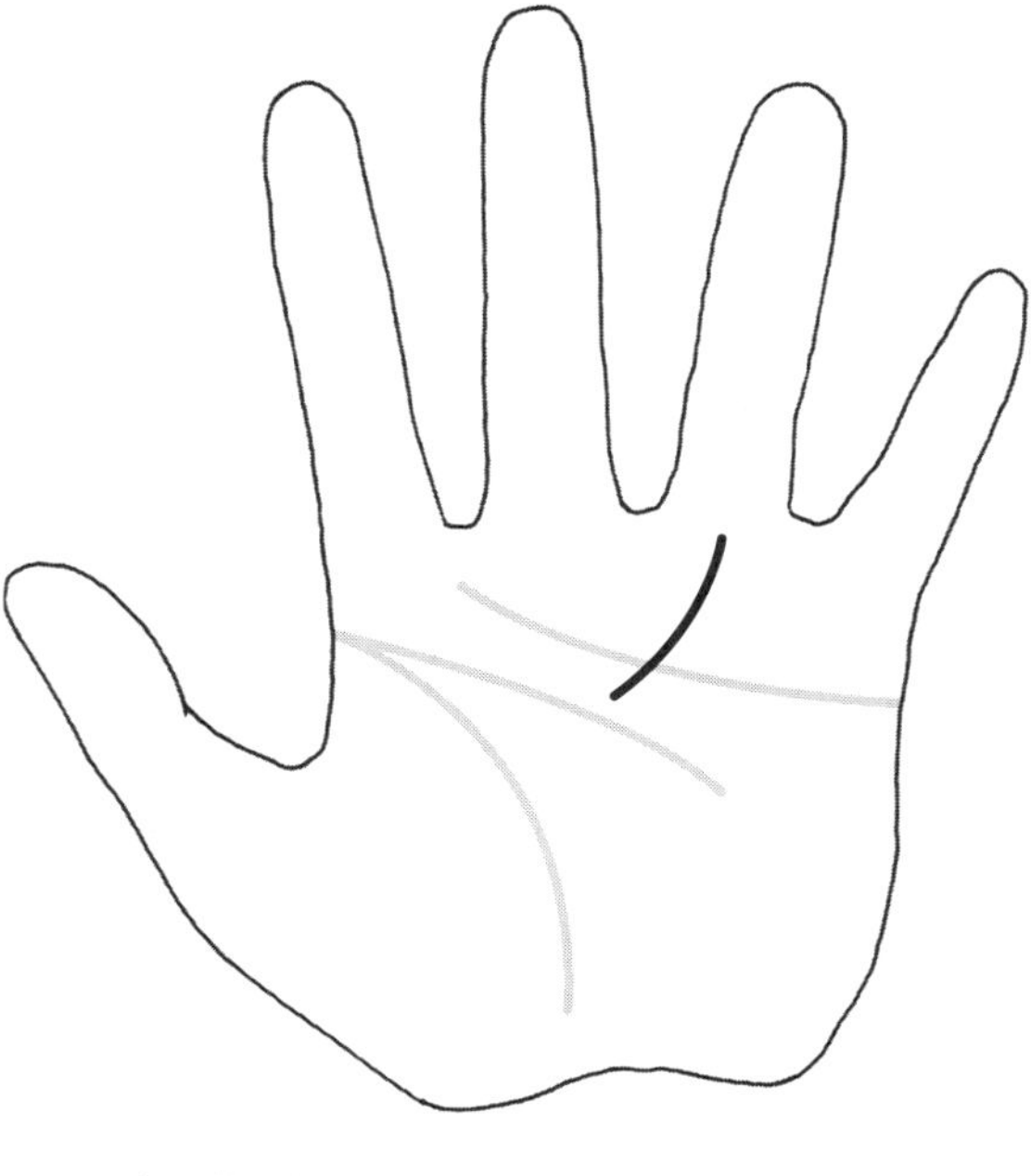

この相の持ち主は、バリバリ仕事をしているわけでは
ないのに、なぜかお金に困らないという傾向があります。
おごらず感謝の気持ちを持って。

◉結婚がお金を引き寄せる――玉の輿線

手のひらの側面、小指の下に横向きに入っている「結婚線」。これが、手のひらのほうにまでビューッと伸びて、薬指の下にある金運線と交差していたら、女性の場合は「玉《たま》の輿《こし》線」、男性の場合は「逆玉の輿線」です。

その名のとおり、玉の輿線、逆玉の輿線は、結婚によって大きなお金を得ることができるという相。

といっても、結婚相手がお金持ちというケース以外に、結婚した後に急に自分の仕事がうまく回り出し、収入が跳ね上がるというケースもありえます。

相手から大きな富がもたらされるとは限らず、結婚を機に、自分の金運が急激にアップするという相なのです。

玉の輿線とは？

女性は玉の輿！ 男性は逆玉の輿！

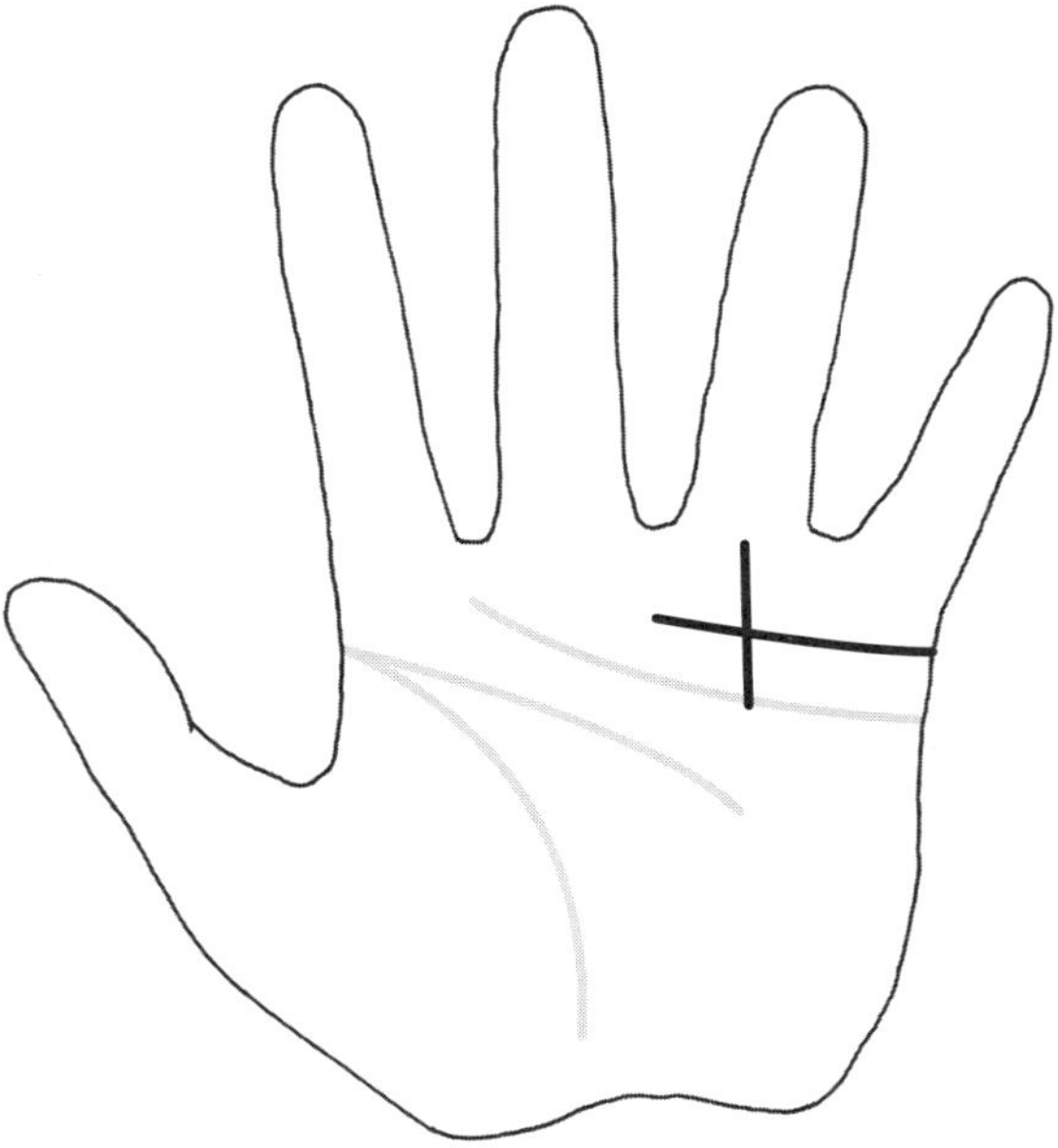

お金持ちと結婚するケースもあれば、結婚が収入アップの決め手になるケースも。つまり、結婚が金運アップにつながる相ともいえます。

◉「運命線」の出方で、今後の仕事運を占う

「運命線」は、手の中央、中指の下にスーッとタテに入っている線です。

この線が濃いのは、大きな成功を収めるという相。

徳川家康は、ある戦で斬りかかられたのを手で払った際に、手の真ん中、つまり運命線の位置にクッキリと切り傷ができ、それ以降、めきめきと頭角を現した。それを聞いた豊臣秀吉は「ならば我も」と自分で手のひらを切りつけ、それから間もなく天下統一した……なんて逸話もあります。

そんなクッキリした運命線がない、という人もガッカリすることはありません。運命線の出方によって、今後、どういう形で成功していくのか占うこともできます。

まず、そもそも運命線がないという場合。

運命線の見方

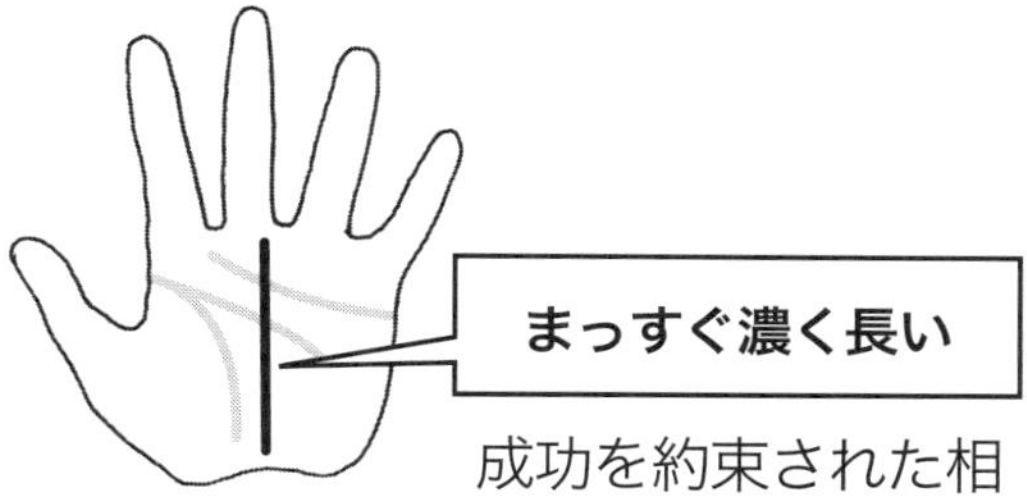
まっすぐ濃く長い
成功を約束された相

内側（親指側）に傾く
家族の協力や自分の
力で世に出ていく

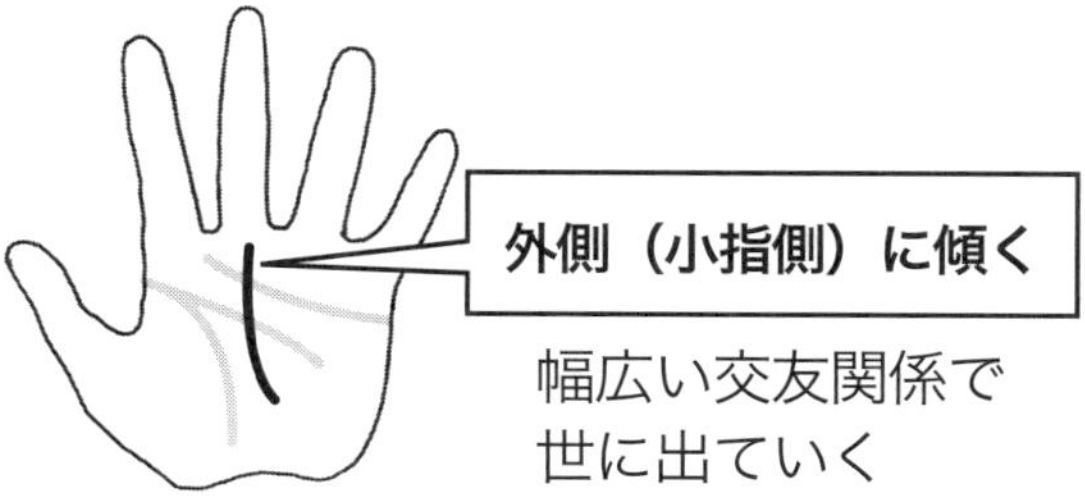
外側（小指側）に傾く
幅広い交友関係で
世に出ていく

運命線は、みずからバリバリ動き、前線に立って人生を切り開くことで成功するという相。それがないというのは、みずから前線に立つよりは一歩下がった立場、参謀役やナンバー2といった位置づけで成功する相です。

運命線がない人は、心からサポートしたい、この人のために粉骨砕身《ふんこつさいしん》、働きたいと思える人に出会えるかどうかが、成功のカギを握っているといえるでしょう。

運命線はあるけれど、ちょっと形が……？　という人は、次を参考にしてください。

まっすぐではなく、運命線が傾いているという場合、内側（親指側）に傾いているでしょうか、それとも外側（小指側）に傾いているでしょうか。

じつは、内側に傾いている人は、家族の協力や自分の力で世に出て行くという相、外側に傾いている人は、家族外の幅広い交友関係によって世に出て行くという相です。

ですから、運命線が内側に傾いている人は、家族と話す時間を増やしたり、1人でじっくり考える時間をもったりすると、より成功しやすいでしょう。

逆に運命線が外側に傾いている人は、これまで以上に、とりあえず誘われたら乗ってみるなど、新しい出会いの機会を積極的につくっていくといいと思います。

また、運命線が途切れて、手のひらの下のほうから内側（人差し指のほう）に向かって上がっているのは、**「ヘッドハンティング線」**。一社で勤め上げるよりは、他社からの引き抜きによって、よりキャリアアップしていくという相です。

ただし、運命線が途切れて、手のひらの上のほうから内側（親指のほう）に向かって下がっているのは、**「長続きしない線」**です。

これは、短いスパンで転職を繰り返し、なかなかスキルもお給料も上がっていかない、という要注意な相。今の職場で気に入らないことがあっても、「あと少しだけがんばってみよう」と思いとどまってみることも、必要かもしれません。

ヘッドハンティング線

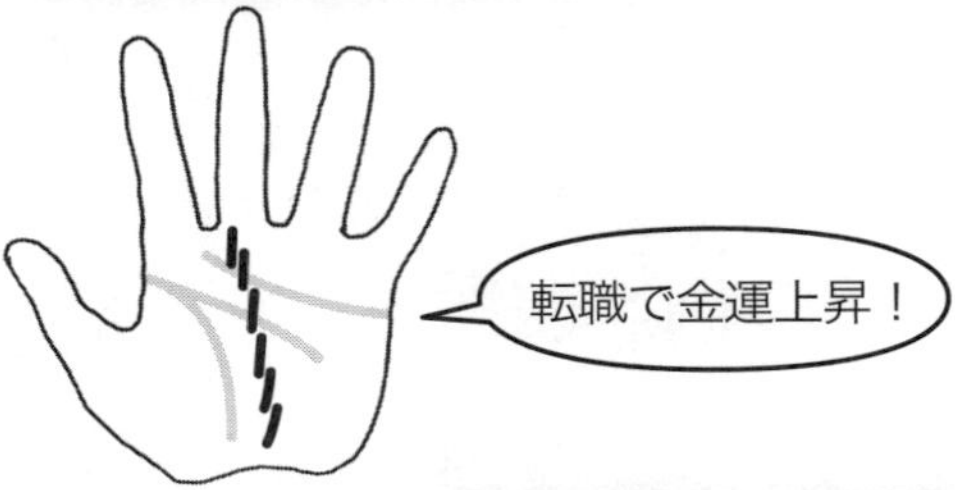

長続きしない線

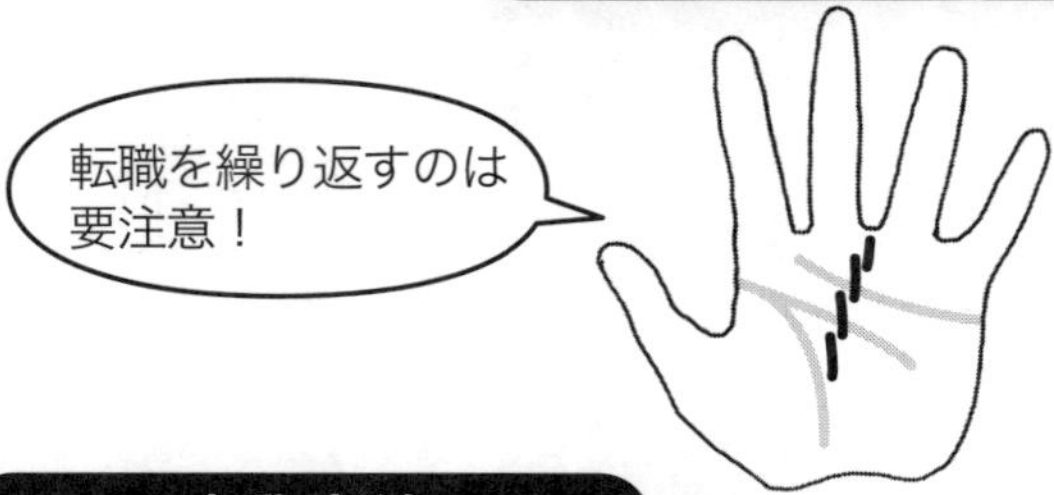

実業家線

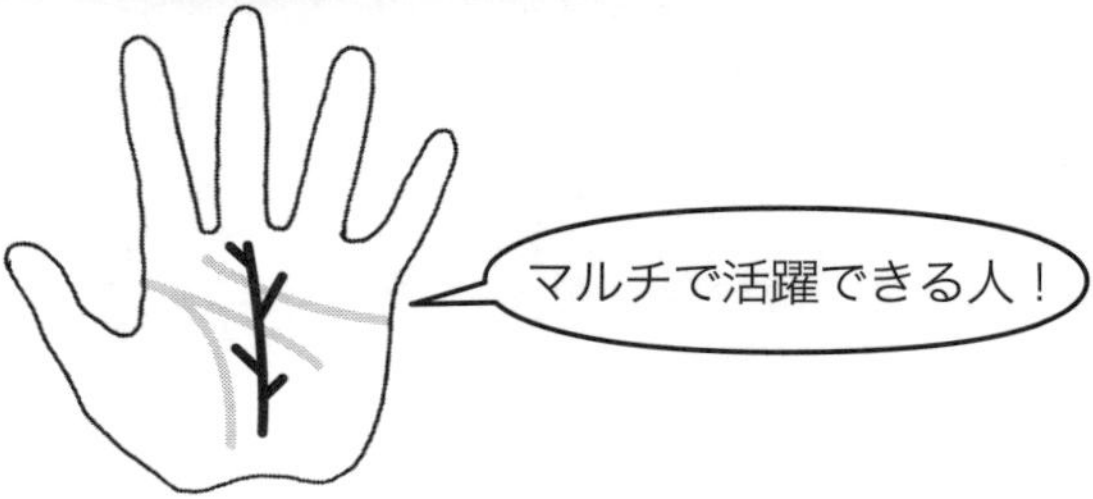

運命線がシュッシュッと上向きに枝分かれして「木」のようになっているのは、**「実業家線」**。

これは組織に属するより、自分で事業を興したほうが成功しやすいという相です。それも一つと決めず、複合的にいろいろなことの事業化にチャレンジすることで、大きく成功するでしょう。

そして、非常にまれですが、運命線が2本、見られる場合があります。

これは**「二重運命線」と呼ばれ、人一倍、バイタリティにあふれ、色濃い人生を歩む人に現れる相**です。

何しろ「運命が二重」ですから、人の2倍の人生経験をする、人の2倍の収入源を持つ、同時に二つの場所で活躍する……などなど、形はどうあれ、まるで2人分を生きているかのような、濃密な人生になる可能性が高いでしょう。

二重運命線とは？

ふつうの人の２倍の運気！

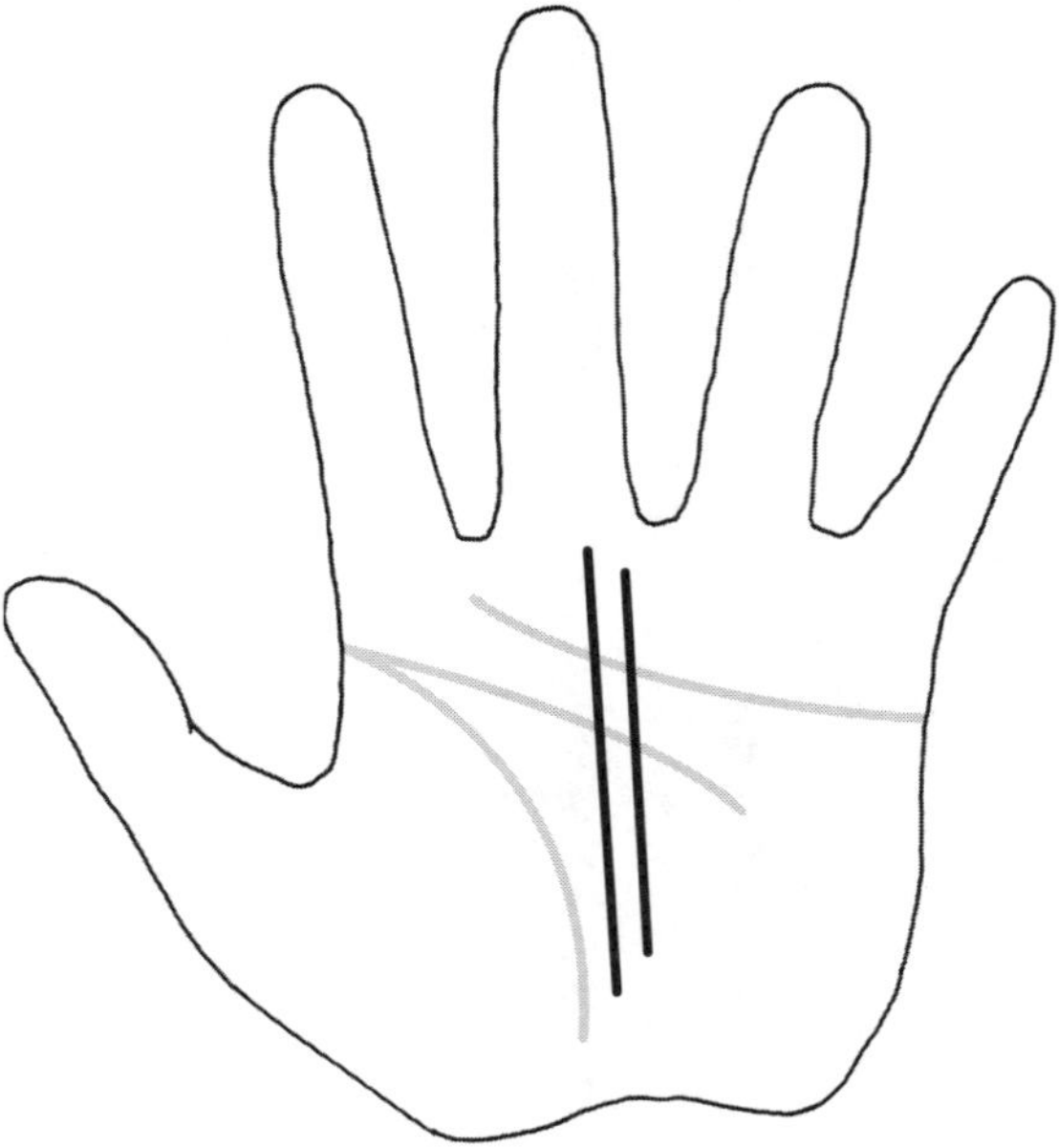

濃くて長い運命線が２本並んでいる人は、
金運だけでなく強運の持ち主。
努力が何倍にもなって返ってくる相です。

◉成功の仕方はさまざま
——「お見通し線」「世渡り上手線」「ベンチャー線」

飛び抜けた才能があるわけではないのに、不思議と仕事がうまくいく。そういう人には、次の三つの相のうち、どれかが現れているはずです。

まず、小指の下から人差し指のほうに向かってヨコに走っているのは感情線ですが、この線上、**小指の下のあたりに、いくつか「○」が入っていたら、それは「お見通し線」**です。

「お見通し」とついているように、これは物事の本質を見極め、素早く問題解決法を見つけ出したり、物事の流行《はや》り廃《すた》りをいち早く察知したりと、頭脳明晰で先見の明があるという相です。

次に見るのは、**「世渡り上手線」。人差し指と親指の間から小指側へとヨコに走っている頭脳線に、上向きにシュッシュと端線が入っている**のが、それです。

年上の人からかわいがられたり、人とうまく協力して成果を上げたり、なぜかいつも「おいしい役割」が回ってきたり……。これは、そんな持ち前の愛嬌や協調性、空気を読む能力で、世の中を渡っていくという相です。

そして、**生命線の上のほうに、人差し指に向かってピッと出ている線があったら、それは「ベンチャー線」。**まだ世の中にないサービスを提供するなど、新しい発想の事業に関わると、成功しやすいという相です。

何であれ、自分の特性、性質を活かしていくことが、成功の一番の秘訣です。さて、あなたにはどんな相が出ていたでしょうか?

不思議と仕事がうまくいく相とは？

あなたの成功の秘訣が一目でわかる！

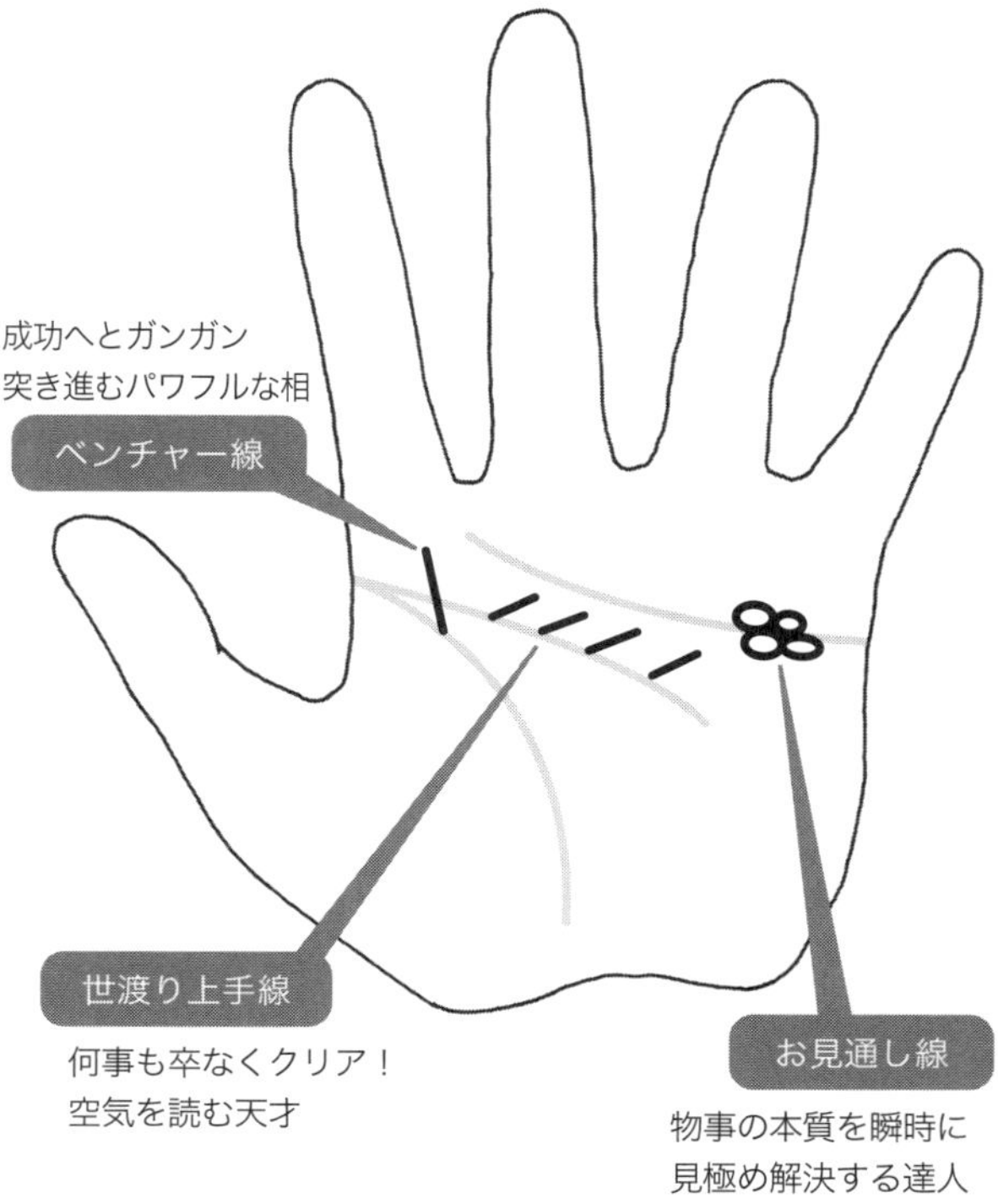
成功へとガンガン
突き進むパワフルな相
ベンチャー線
世渡り上手線
何事も卒なくクリア！
空気を読む天才
お見通し線
物事の本質を瞬時に
見極め解決する達人

◉これらの線が出てきたら、宝くじの買いどき
――「くじ運線」「仏眼」「神秘十字」

年末ジャンボ、グリーンジャンボ、サマージャンボ……売り出されるたび、欠かさず宝くじを買っているという人も多いことでしょう。

ここで紹介したいのは、くじ運が高まっていることを示す三つの手相です。

一つめは、その名も「くじ運線」。小指の真下、手首に近いほうにカーブを描くように入っている線で、別名「ギャンブル線」とも呼んでいます。

二つめは、感情線と頭脳線の間に「＋」と入っている「神秘十字」、三つめは、親指の関節が輪になっている「仏眼」。

これらは霊感の強さを表す相でもあるのですが、くじ運の強さも示しています。

いますぐ宝くじを買うべき相とは？

この相が出たら超ラッキー！

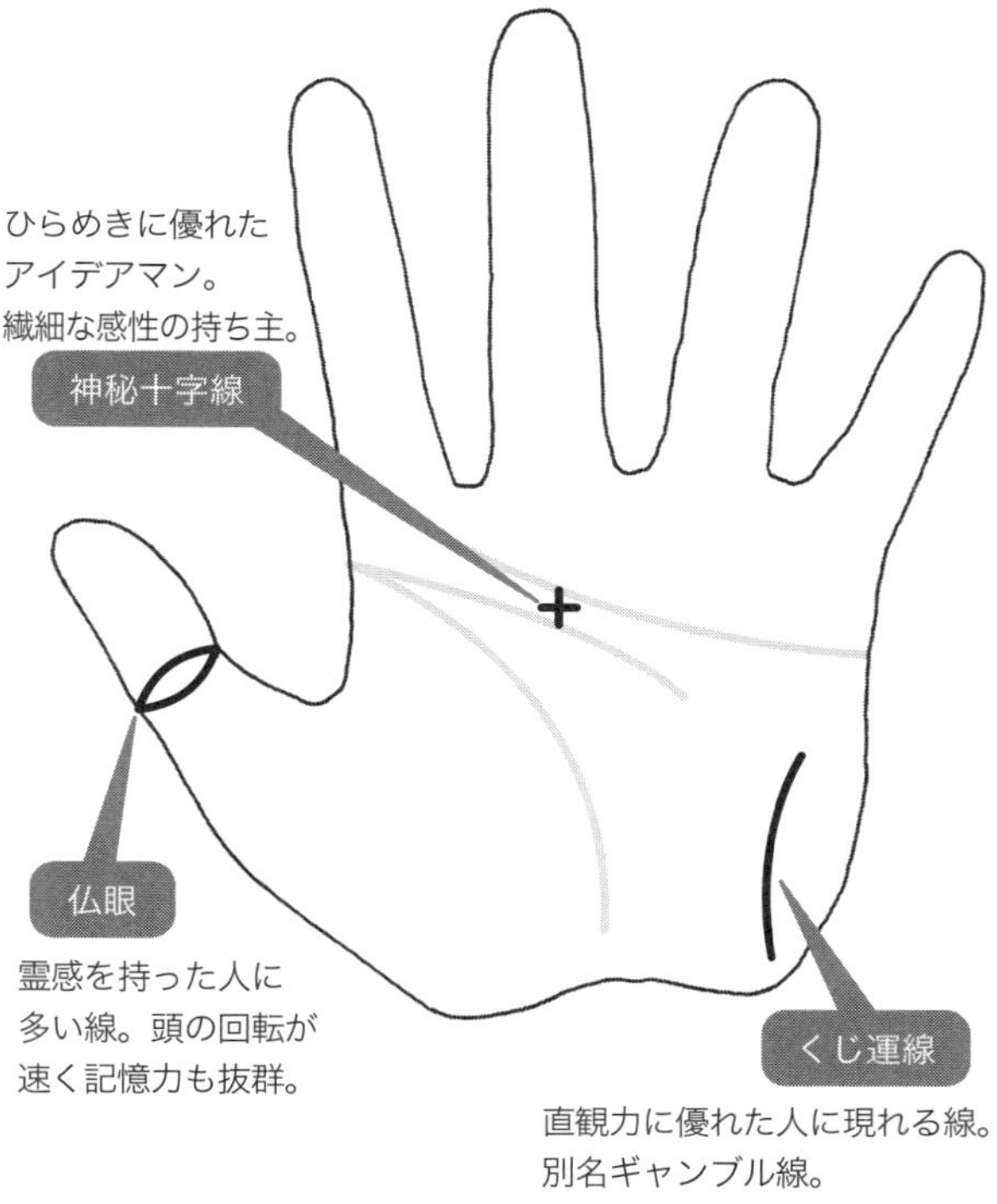

ひらめきに優れた
アイデアマン。
繊細な感性の持ち主。
神秘十字線
仏眼
霊感を持った人に
多い線。頭の回転が
速く記憶力も抜群。
くじ運線
直観力に優れた人に現れる線。
別名ギャンブル線。

◉これからの飛躍に期待大——一発逆転線

急に売れだした若手芸人などによく見られる相、それがこの「一発逆転線」です。薬指の下の金運線、それに沿うようにして1本、タテ線が入り、さらに、この2本のタテ線に2本のヨコ線が交差して「#」みたいな形になっている線です。

「どんなに努力しても成果が出ない、もうダメかも……」なんて思っていても、この相が現れたら、いよいよ努力が実を結びはじめるサイン。

一気に神がかり的な成功を収める、なんて奇跡の大逆転が起こるかもしれません。

一発逆転線とは？

いまが苦しくても諦めないで！

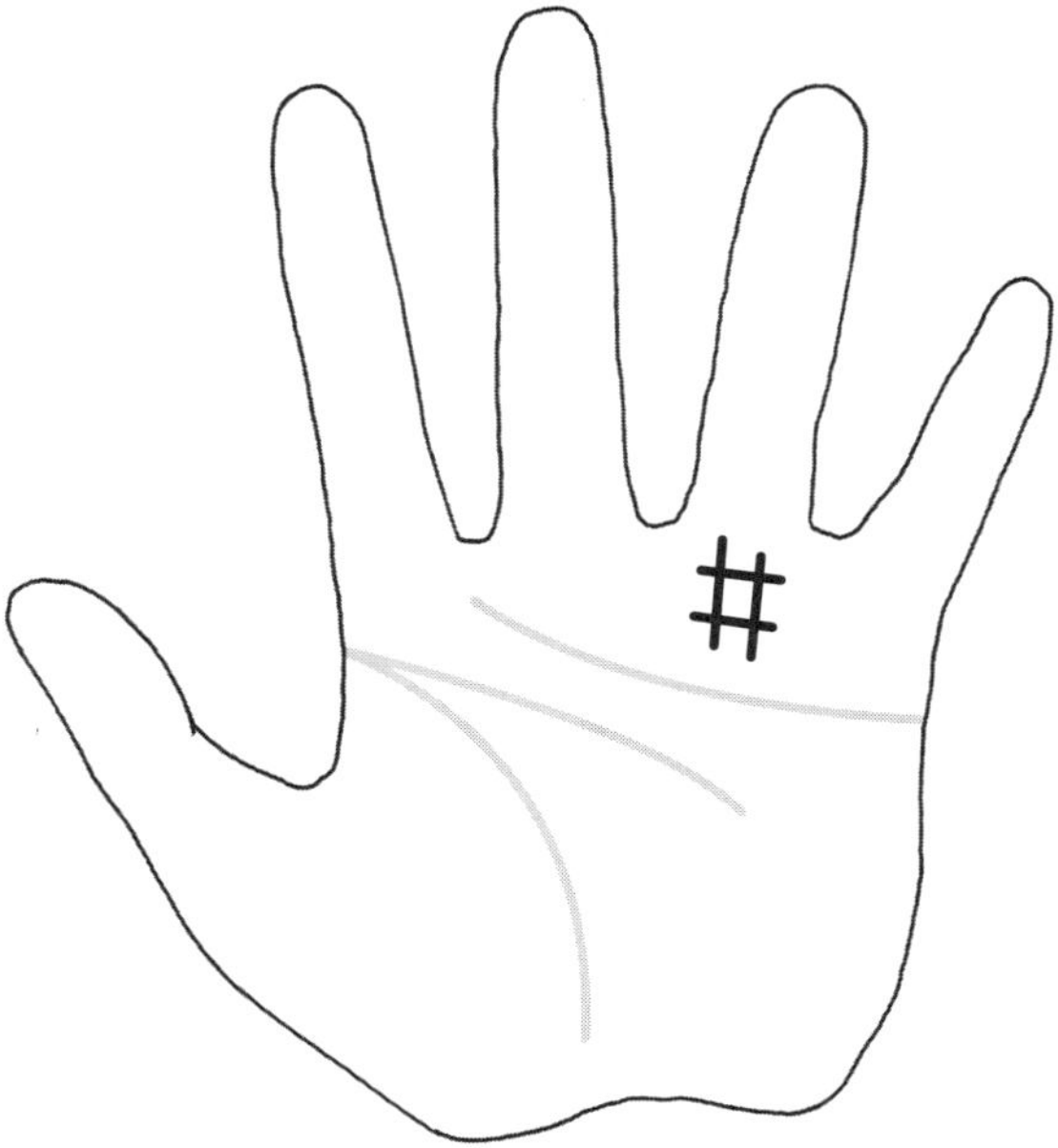

貧乏のどん底から一夜にして大金持ちになる可能性のある相。
結婚線の先にある場合は、運命の結婚相手と出会える可能性あり。

◉この線が現れたら、家の買いどき、引っ越しどき――不動産線

家を買おうか、立て替えようか、引っ越そうか、そんな迷いがあるときに参考になるのが、その名もズバリ「不動産線」。

運命線と金運線の上のほうを結ぶように、斜めに入っている線です。

この線が入っているときは、不動産関係の運が高まっているということ。

マイホームの購入や建て替え、引っ越し、さらには、不動産投資なんかにも運が向いてきているというサインです。

不動産線とは？

不動産運がアップしているサイン！

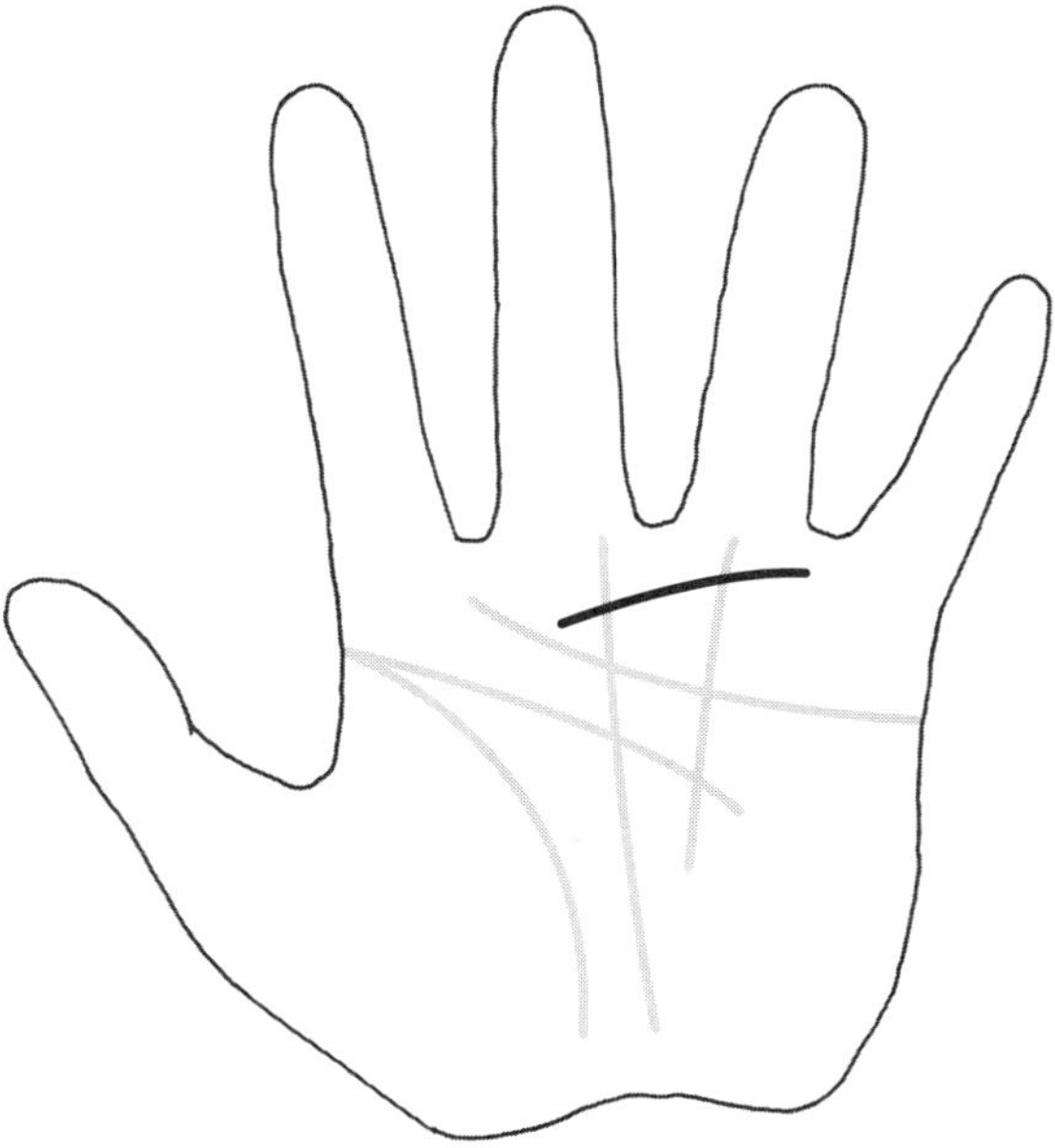

この相が出たら、引っ越しやマイホーム購入に運が向いているサイン。また、この線がつねにある人は、不動産関係が適職です。

◉財産を築く相——財運線

手相には、金運線とは別に「財運線」というのもあります。

どう違うのかというと、**金運線は「お金を生み出す力」**を表す一方、**財運線が表すのは「お金を貯めて増やす力」**。財運線がくっきり入っている人は、一財を成す相が出ているということです。

財運線は、小指の下から内側にスーッと斜めに入っている線。たとえばご夫婦で見比べてみて、財運線がよりくっきり入っているほうに財産管理を任せたほうが、増やす、貯めるがうまくいきやすいでしょう。

じつはこの**財運線、かつては「健康線」**と呼ばれていました（今でも「健康線」と表記している本もあります）。

「体が資本」とよくいいますが、現代ほど医療が発達していなかった時代ではなおのこと、「健康＝一番の財産」だったということでしょう。

また、「人材」を「人財」と書くこともあるように、人も大きな財産です。実際、**友人や上司、同僚、仕事相手など、人に恵まれている人にも、この財運線がくっきりと入っていることが多い**のです。

これらのことを考え合わせてみると、「財産」とは何か、なんてことも問われているような気がしてきます。

お金はもちろん財産ですが、それも元気に働ける健康な体あってこそ。そして、何をするにも、自分1人でできることはたかが知れています。

となると、僕たちにとって一番の財産って、じつは、お金を貯め、増やす本当の「元手」ともいえる「健康と人」なのかなと思うのです。

財運線とは？

お金を蓄え、増やす力に秀でた人！

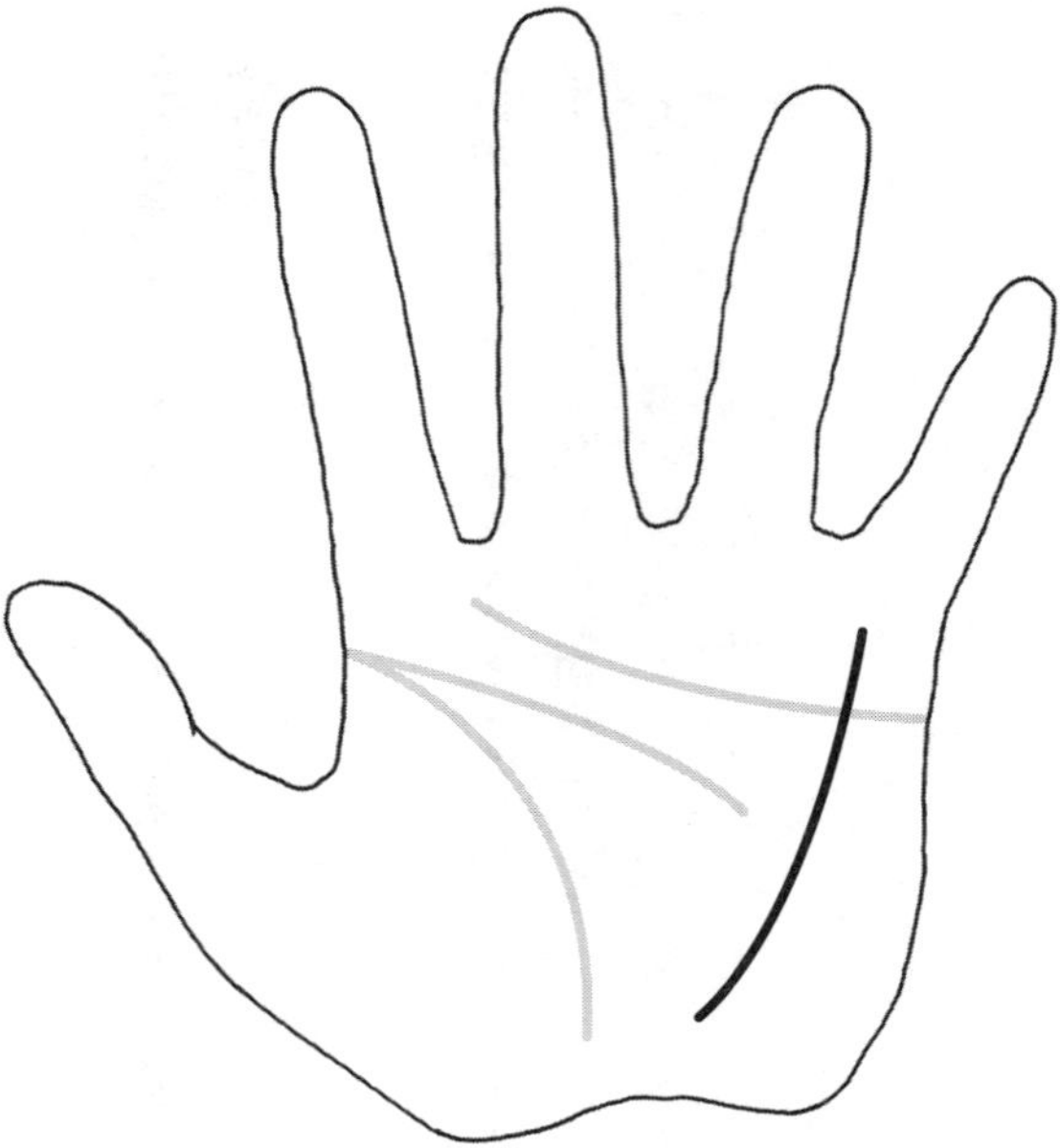

小指のつけ根から下に向かってはっきり伸びているほど、
運気が強い。貯蓄だけでなく、投資にも向いた相。
たまには奮発して誰かにプレゼントをするのも吉。

●億万長者の相――覇王線

そして、「最強の金運と財運」を示すのが、「億万長者の相」と呼ばれる「覇王線」です。

小指の下から伸びている財運線、薬指の下から伸びている金運線、さらに、中指から伸びている「運命線」。

この3本の線が入っていて、なおかつ手のひらの下のほうで合流していたら、それが「覇王線」です。

お金を生み出すことができて、人や健康という財産にも恵まれ、お金を貯め、増やすことができる。しかも、それらが運命にリンクしている――まさに**億万長者級の大きな成功が約束されている相**といっていいでしょう。

覇王線とは？

最強の金運の持ち主！

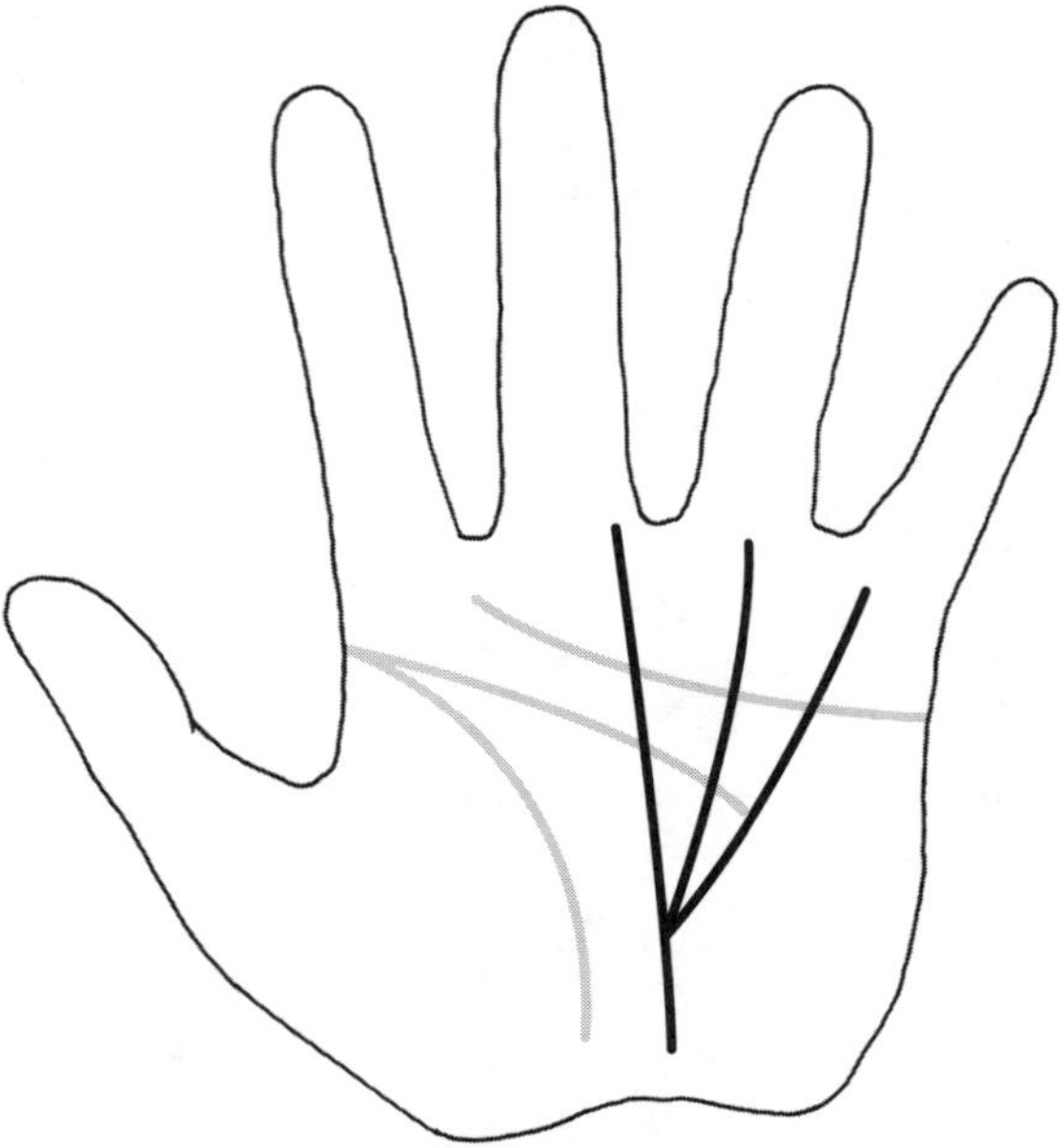

実行力に優れているだけでなく、
直観力にも秀でた最強の金運を持つ相。
松下幸之助さんもこの相の持ち主です。

◉宝くじの高額当選者によく見られる――スター線

薬指の下に、チョンと「＊」みたいな形の線が現れたら、これもいい兆し。この**「スター線」は、じつは２００ほどもある手相のなかで、もっともいい相の一つ**といわれているのです。

スター線は、宝くじの高額当選者に、よく見られる相といわれています。僕が見せていただいた高額当選者の方にも、ほぼ例外なく入っていました。

スター線が現れたら、近いうち、とんでもない額のお金が、ひょんなことで転がりこんでくるかもしれません。

スター線とは？

金運が最強にアップしているサイン！

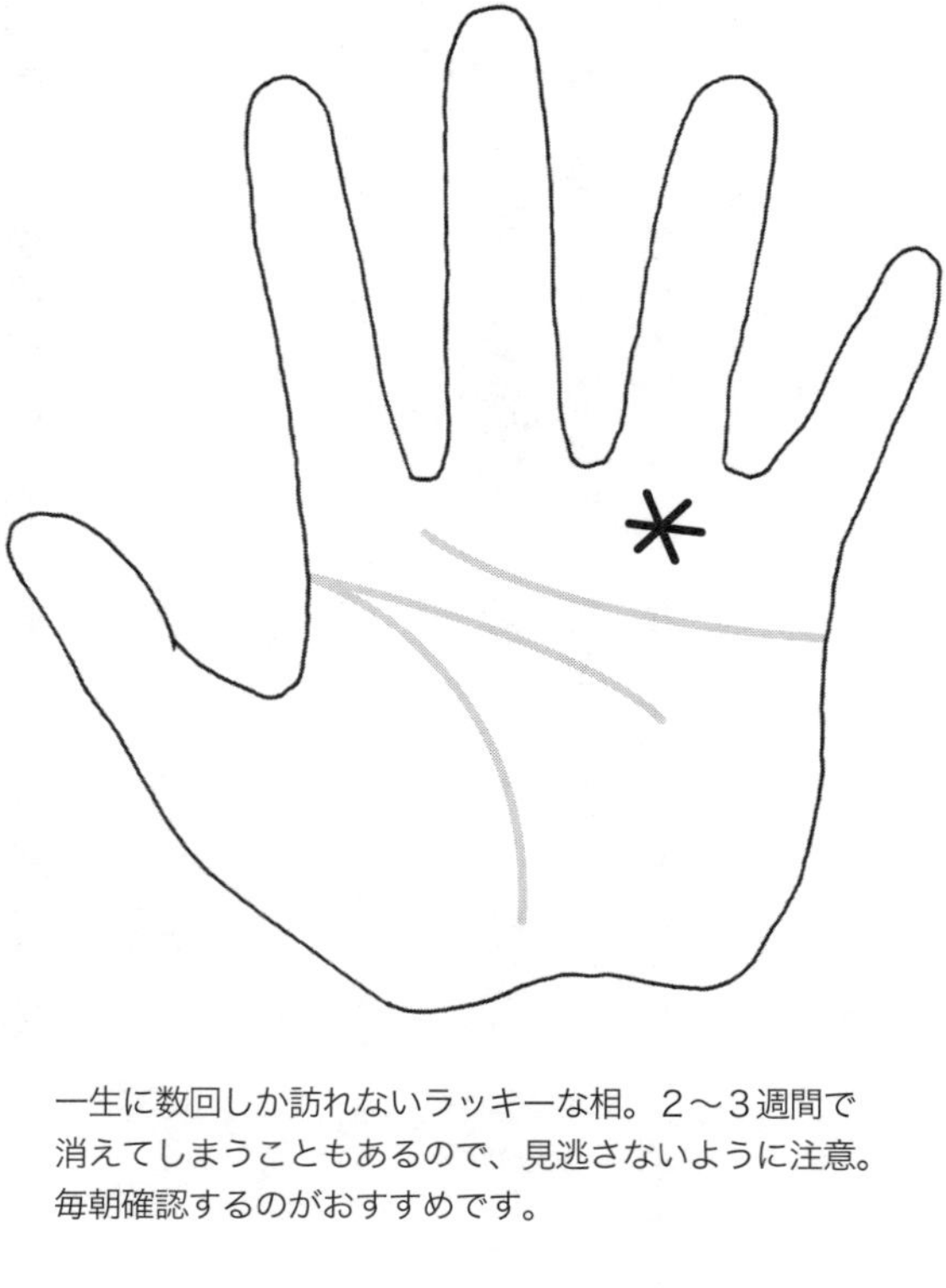

一生に数回しか訪れないラッキーな相。2～3週間で消えてしまうこともあるので、見逃さないように注意。毎朝確認するのがおすすめです。

◉仕事の得意分野も手相に現れている？

ひと口に「仕事」といっても、いろいろな役割がありますよね。

自分が動くより人を動かすほうが向いている人もいれば、みずからどんどん人と話しにいくことで花開く人もいます。人と話すのは苦手だけど、企画案を考えたり、それを文書にまとめたりするのは得意という人もいるでしょう。

自分はどんな職種についたら成功して、より多くのお金が巡ってくるようになるのか？　手相はその参考にもなります。

まず、手のひらの下方、親指の付け根をたどっていったあたりから、シュッシュっと2本の線が入っていたら、それは**「カリスマ線」**。リーダーに向いている相です。

人を動かすことに長けているため、この相が出ている人は、会社を興したり、チームリーダーやプロジェクトリーダーになったりすると本領を発揮するでしょう。

人差し指のすぐ下に「#」の形が入っていたら、それは**「ボランティア線」**。その名の通り、NGO／NPOや社団法人など、非営利団体に携わるほか、人をサポートするという意味合いで、リーダーの参謀役、ナンバー2的な立場になると、いかんなく能力を発揮できるという相です。

次に、人差し指の下から小指のほうに向かって走っている頭脳線の先っぽを見てみてください。二股に分かれていたら、それは**「ライター線」**です。文章を書く仕事のほか、企画書作成など、口頭より文章で表現することに長けているという相です。

さらに、中指の下から親指のほうに向かって、小さな弧を描くような線があったら、それは**「アナウンサー線」**。

「アナウンサー」といっても、ニュースを読むといったことに限らず、声を出すこと、人と話すこと全般が得意という相です。職種でいえば、人と話すことが仕事の営業職などが向いています。

営業職に向いている相は、もう一つあります。運命線の下側から小指側に分かれる

手相で読みとく「最強のチーム」とは？

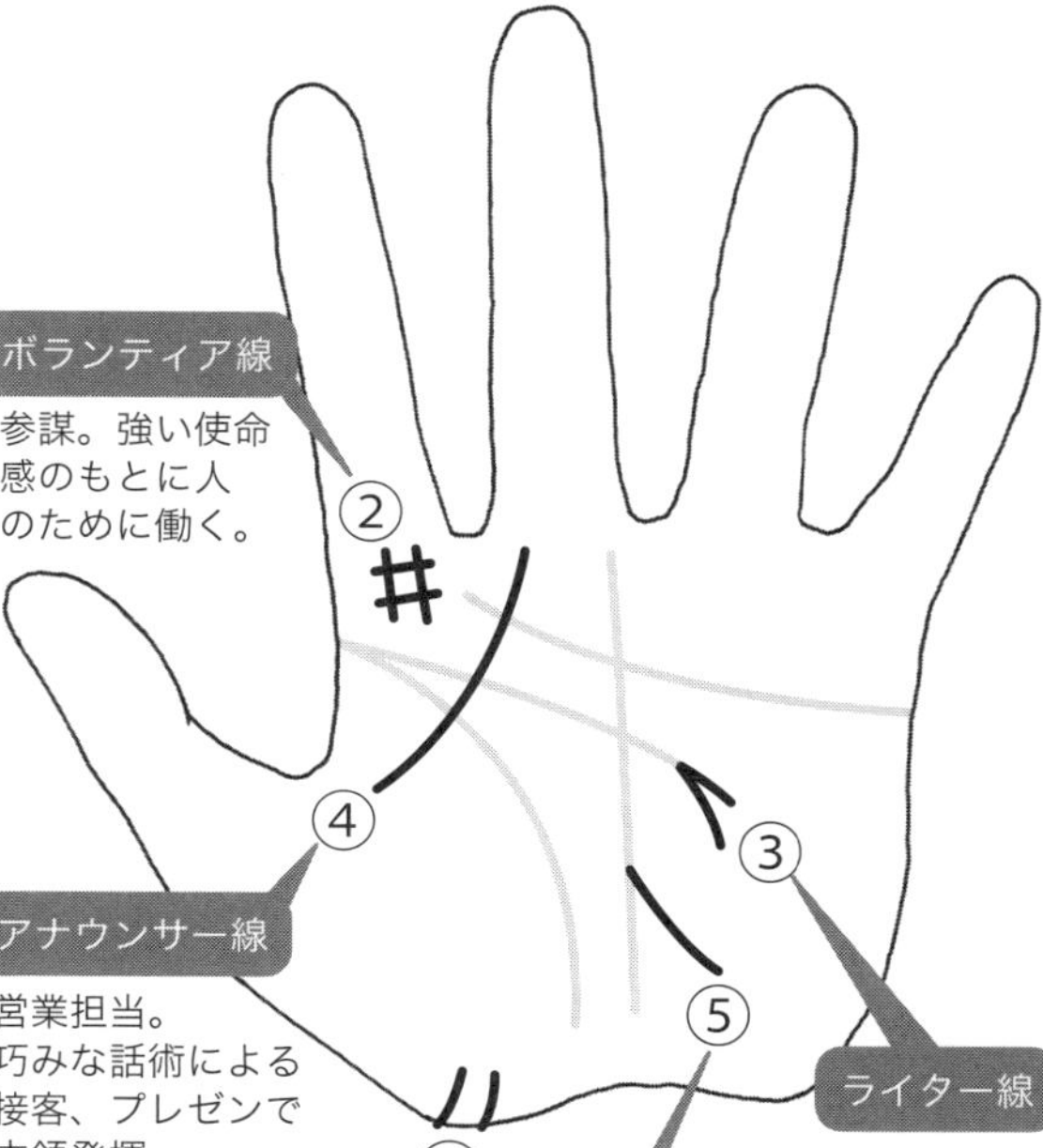

ボランティア線

参謀。強い使命感のもとに人のために働く。

アナウンサー線

営業担当。
巧みな話術による接客、プレゼンで本領発揮。

カリスマ線

リーダー。責任感が強く情に厚い理想の上司。

人気線

営業担当。人たらし。
人を引き付けるトークで営業成績アップ。

ライター線

企画担当。
企画書作成など、クリエイティブな仕事が得意。

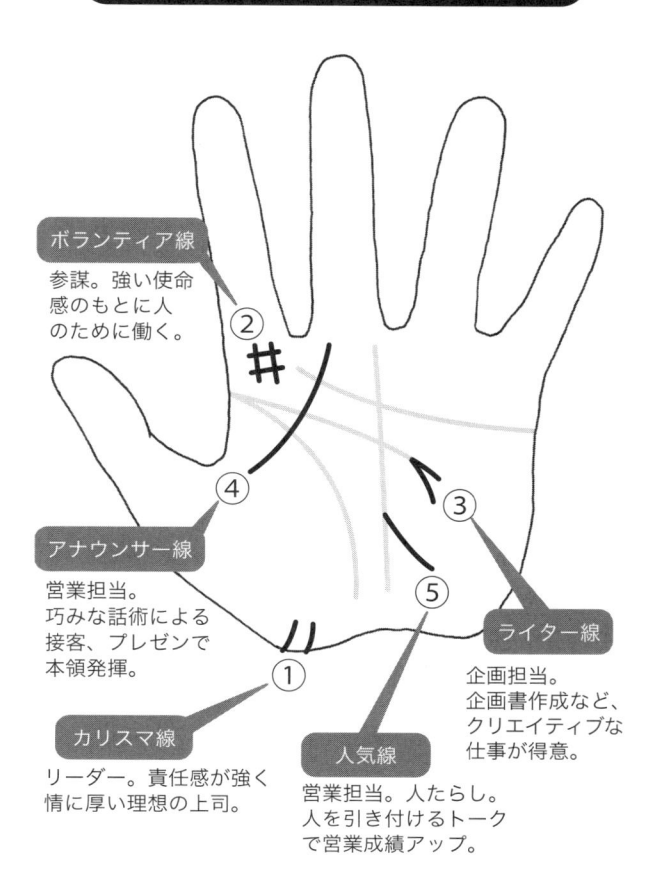

「**人気線**」があったら、人を惹きつけるトークで、営業成績を上げる可能性大と見ていいでしょう。

カリスマ線、ボランティア線、ライター線、アナウンサー線、人気線——これらの相を持つ人たちがバランスよく集まったら、きっと最強のチームが出来上がるに違いありません。

カリスマ線のある人が全体を統率し、それをボランティア線のある人がサポートし、ライター線のある人が企画書をつくり、アナウンサー線のある人がプレゼンを担当し、人気線のある人が営業の外まわりをする。

いかがでしょう。それぞれが得意なことを活かせる理想的なチームではないでしょうか。そういうチームには、大きな成果もついてくるでしょう。

ちょっと余興のようではありますが、こんな視点からも手相を楽しみ、活かしてもらえたらと思います。

◉ブレイクする年代がわかる「流年法」

運は上がったり下がったりを繰り返すもの。なかなかうまくいかない停滞期もあれば、グイグイうまくいってしまう上昇期もあります。

だからこそ、うまくいかない時期が続いても、いずれ運の上昇期がくると信じて、一生懸命生きること……とはいえ、停滞期のトンネルからいつ抜け出せるのかわからないままでは、やっぱり不安だし、腐ってしまいそうにもなるでしょう。

4章で、今年の自分の運気から、どんな心づもりで1年を過ごしたらいいのかがわかる「数秘術」を紹介しました。

それとは別に、**手相を見ると、ざっくり、自分がブレイクする年齢を知ることも**できます。「流年法」と呼ばれる方法なのですが、見方は簡単。手のひらを見たら、一瞬でわかります。

ブレイク線とは？

あなたがいつブレイクするかわかる！

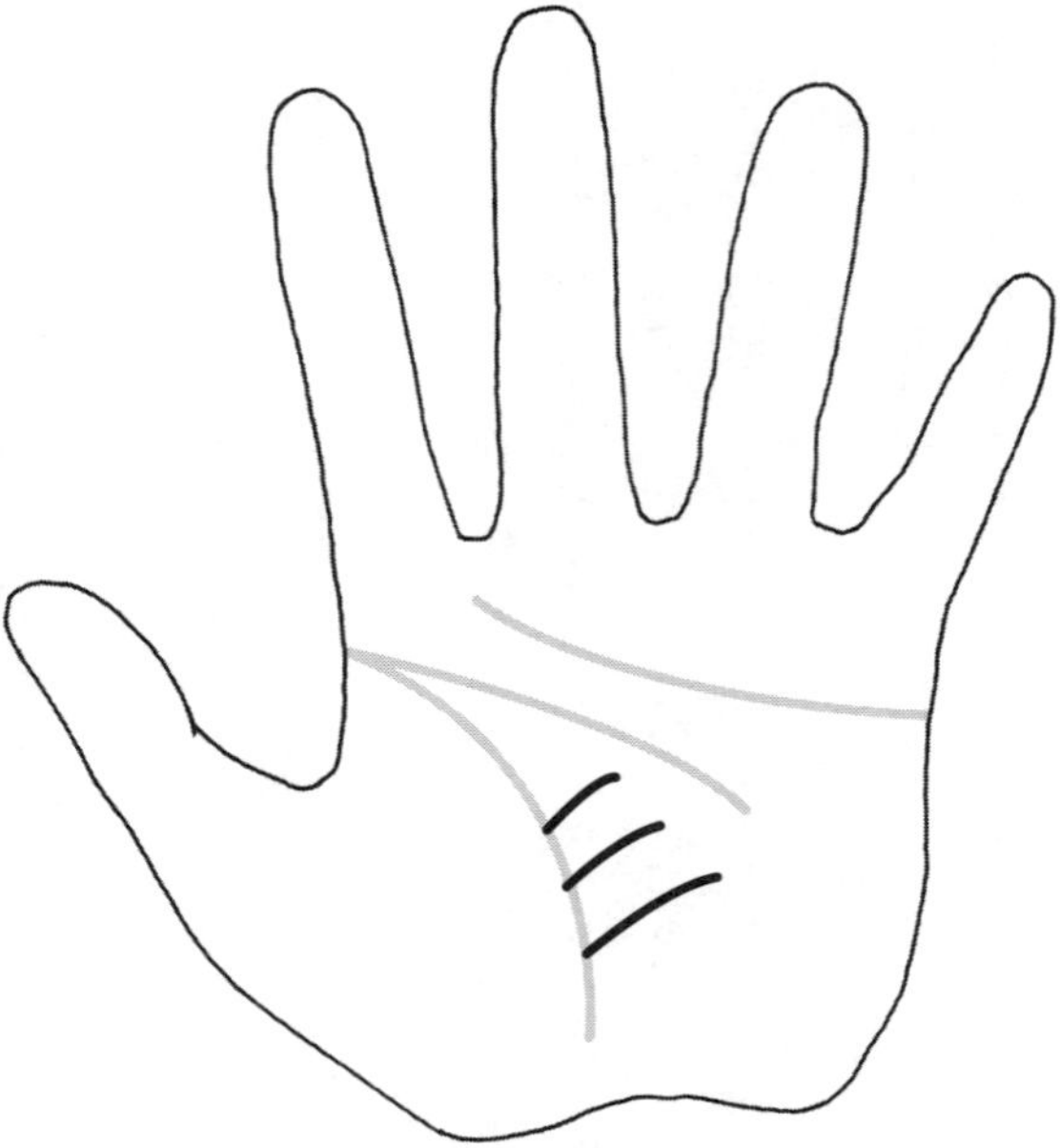

生命線から上向きに、ピッと枝分かれするように入っている端線がブレイク線。これがどの位置にあるかで、ブレイクする年齢がわかります。

人差し指と親指の中間から、手首のほうに向かって弧を描いている「生命線」は、おそらく、大半の人がご存じでしょう。その生命線から上向きに、ピッと枝分かれするように入っている端線があると思います。これを**「ブレイク線」**といいます。

ブレイクする年代は、ブレイク線の位置からわかります。たくさんブレイク線がある人もいると思いますが、一番濃いブレイク線、もしくは長いブレイク線に注目してください。

ブレイク線が、人差し指の付け根の真下にあったら20代、中指の付け根（人差し指寄り）の真下にあったら30代にブレイクするということ。以降、20代と30代の距離を均等に生命線上に割り振っていき、40代、50代、60代にブレイクするというふうに見ます。

生命線の後半にブレイク線があったら、「今、なかなかうまくいかないのは、人生の後半にブレイクする準備期間なんだ」「自分は大器晩成型なんだ」と考えてください。きっと、もっと前向きに、目の前のものに一生懸命とり組むことができるでしょう。

一番目立つブレイク線が生命線の前半にある人は、次の端線のチャンスを逃さないようにそなえることが大事です。

流年法とは？

あなたは何歳でブレイクする？

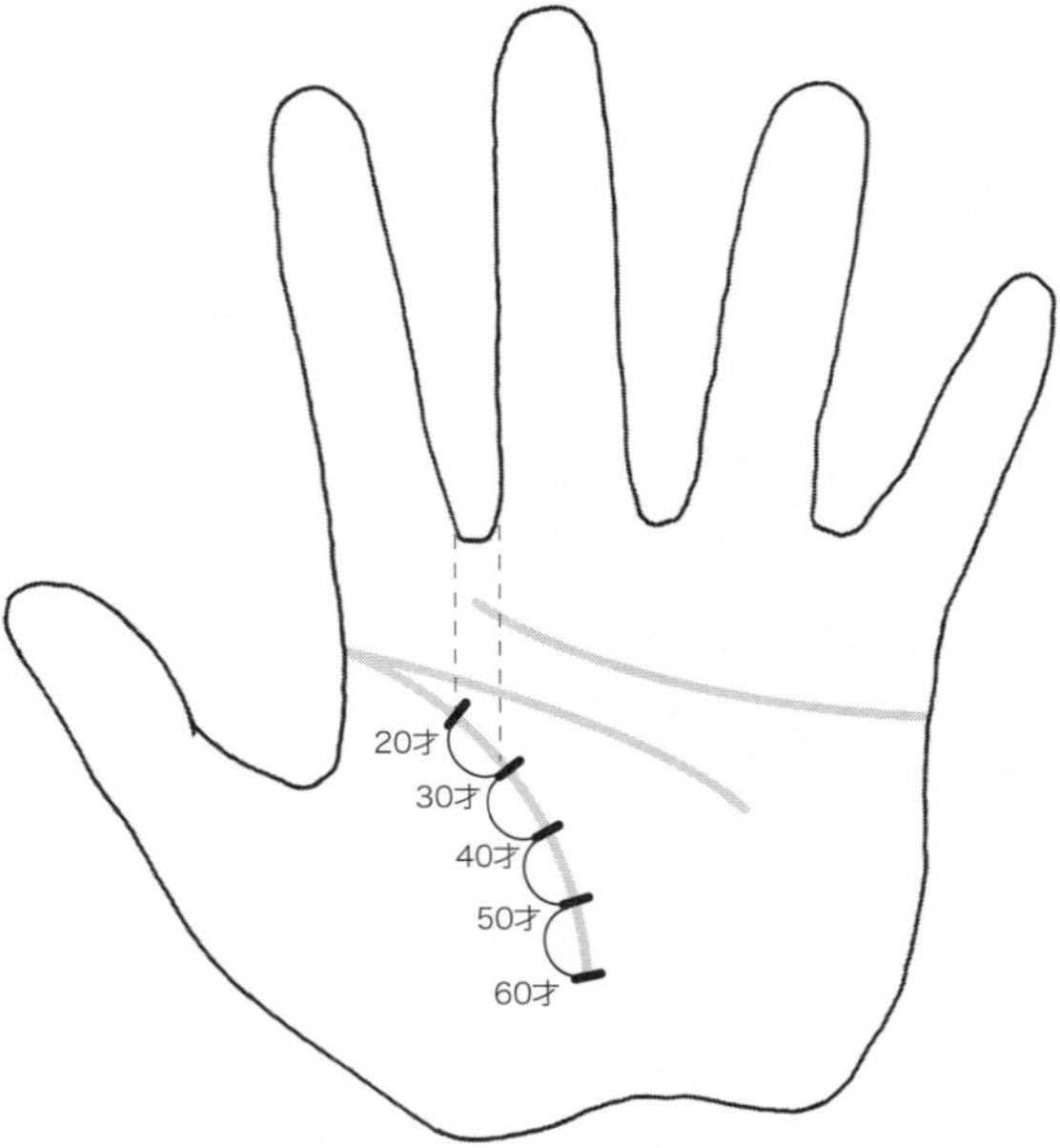

晩年にブレイクする線がある人は大器晩成。人生の前半でブレイクしたという人も、手相は変わりますから、まだまだブレイクする可能性ありです。

◉歴史に名を刻む大人物の相——ますかけ線

感情線と頭脳線に重なるようにして、人差し指側から小指側まで横一直線に貫かれている線があったら、それは「ますかけ線」。「天下取りの相」、あるいは人生の浮き沈みの激しい「波乱万丈の相」ともいえます。

芸能界では、明石家さんまさん、ダウンタウンの浜田雅功さん、サッカーの本田圭佑選手など、ずっと第一線で活躍されている方にも、よく見られます。「天下取りの相」と呼ばれているのも、うなずけますね。

さらには、有吉弘行さん、オアシスの大久保佳代子さん、坂上忍さんなど、いわゆる不遇の時期を乗り越えて大ブレイクした方にも見られました。

ますかけ線は、「天下取りの相」であると同時に、「波乱万丈の相」ですから、運の停滞期でも、腐らずに一生懸命、目の前のものにとり組むことで、大きく飛躍できる相と見ることもできるでしょう。

歴史上の人物だと、徳川家康にもあったといわれています。

家康は、織田信長、豊臣秀吉という、ひとクセもふたクセもある人物に仕え、ときには理不尽な目に遭いながらも、最終的には天下統一を果たし、300年近くにも及ぶ徳川幕府の礎《いしずえ》を築きました。

長く続いた戦国時代の最終的な勝者となった、この「歴史的大ブレイク」は、ますかけ線にも現れていたというわけです。

ますかけ線とは？

天下取りの相、波乱万丈の相

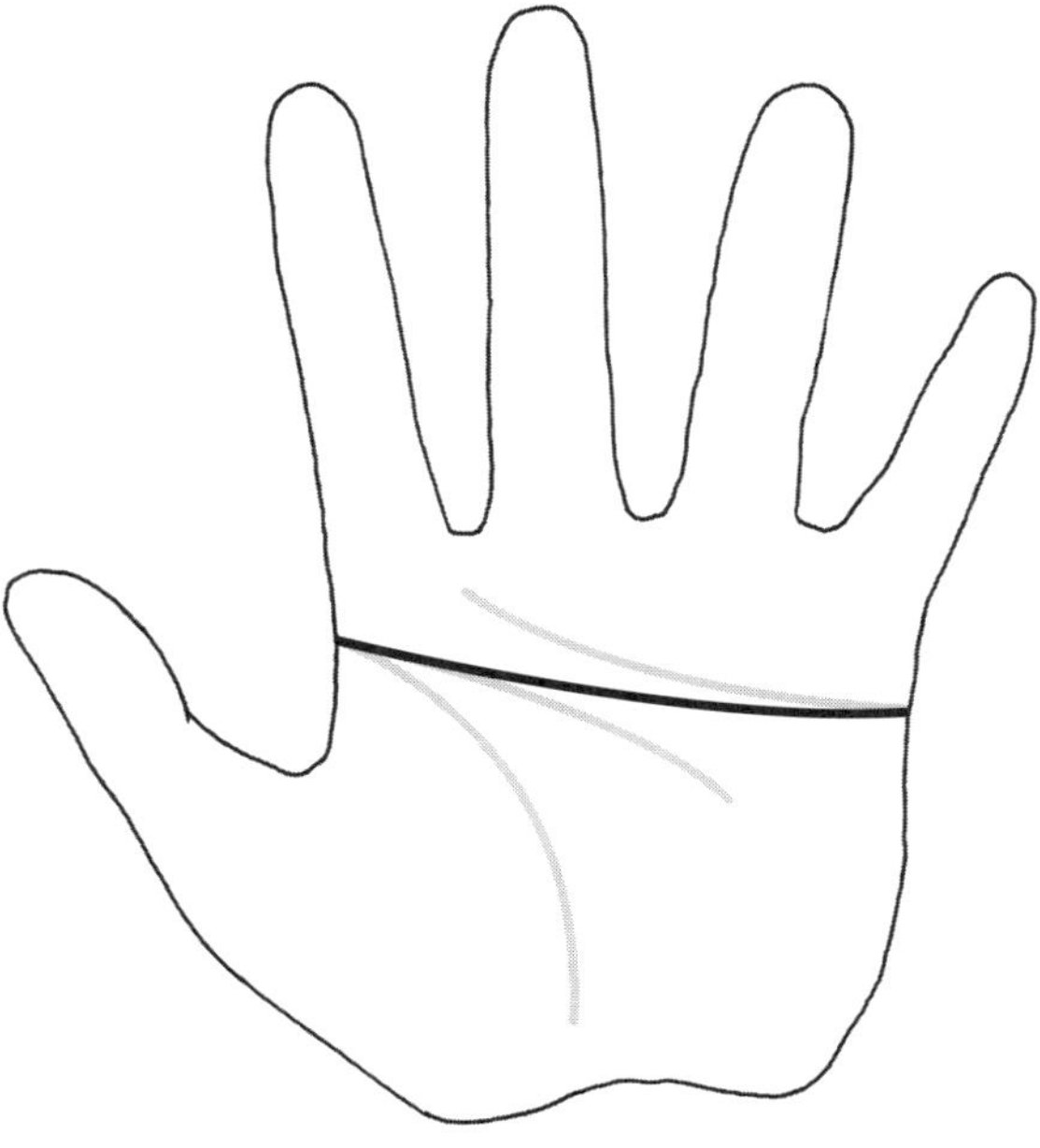

片手だけなら１００人に１人。両手にあるのは
１０００人に１人といわれる珍しい相。
カリスマ社長になれる可能性あり。

◉世のため人のために働いて輝く――ソロモンの星

最後に紹介したいのは、「ソロモンの星」。頭脳線の先っぽに「☆型」が入るという、とてもレアな手相です。僕も、3～5万人の手相を見せていただいたなかで、**まだ2人しか、実際にソロモンの星が入っているのを見たことがありません。**

ソロモンの星は、世のため人のために働き、社会を変えていく、いうなれば**「教科書に載るレベル」の大人物の相。**自分の夢や目標より、大義を果たすことに力を注ぐことで、強く光り輝くということです。

もし、この相が現れていたら、日本、ひいては世界の救世主となっていく可能性を秘めているということ。もはや自分の金運がどうかなどと、気にしている場合ではありません。今すぐ、世の中のために行動を起こしていただきたいくらいです。

ソロモンの星とは？

もはや救世主の器！

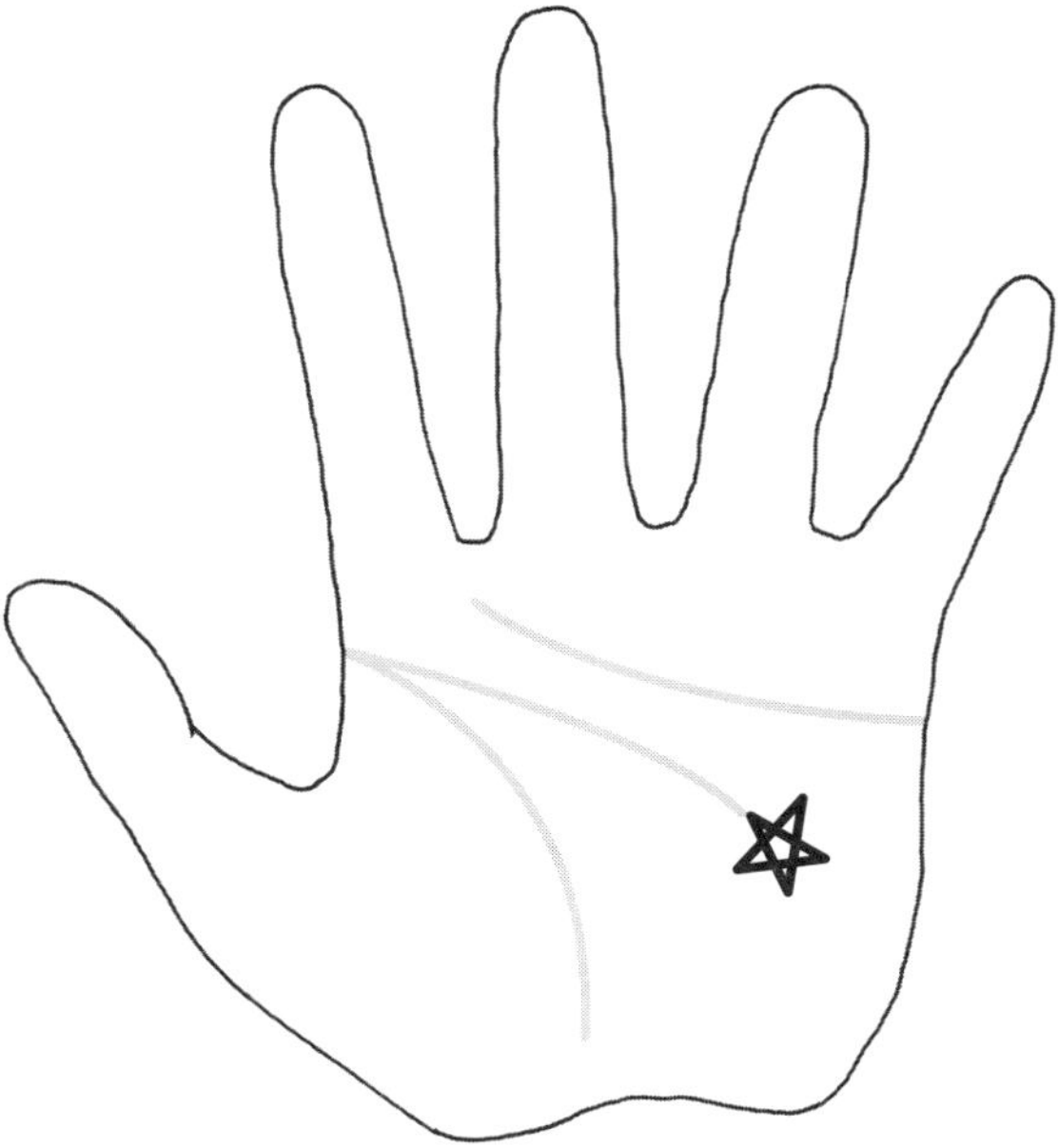

手に五芒星があるかなり珍しい相。世界的なスーパースターになる可能性を秘めています。

おわりに

『島田秀平が3万人の手相を見てわかった！「金運」の鍛え方』を、最後までお読みくださり、ありがとうございました。

本書の内容が、金運を鍛え、高めるヒントになってくれたら、とてもうれしいです。

さて、最後に「金運とは何か？」について、少しお話しさせてください。

お金とは「信用」です。

考えてみれば、お金・報酬というのは、信用に対して支払われるものです。

プロ野球選手は、3割30本など活躍した信用があるから来年の年俸が跳ね上がる。

芸能人は、あいつを呼んだら盛り上がるという信用があるから収入になる。
大工さんは、これまで素晴らしい家を建ててきたという信用があるから依頼が来る。

そして**信用とは何かというと、小さなコツコツとした積み重ね**であると思うのです。

つまり、一つ一つの仕事に手を抜かないという積み重ねが、大きなお金を呼んでくるということ。

お金を貯めるように、このような**信用を貯めることが金運に結びつく**のです。

また手相で興味深いのが**「財運線」**です。

財運線では、お金はもちろん、もともとは健康線といわれていたくらいですから、**健康も財産**と考えます。さらには人財と書くくらいですから、**財産とは人に恵まれることも**指します。

ということは、

まず体が**健康**であること、
次に**人**に恵まれること、
そして**信用**を培うこと

この三つを大切にすることが、金運を上げていくことだと思うのです。

この三つを大切にすることは、金運を上げるだけではなく、きっと「幸福度」も高めてくれるでしょう。

「お金があればいいってもんじゃない！」という方も、金運をこのように考えれば、鍛えてみようかなと思えるのではないでしょうか？

きっと、こんなふうに……。

ある日
ちぇっ お金持ちなんて…
別にお金が全てじゃないし！
そこまでしてお金なんて欲しくないし！
えっ…!?
嫌われてるみたいだから他いこー
サイナラ〜
カムバーック！
待っ…！
いらないわけじゃないんだよー!!

翌日

あ、お金持ちさん
けっこう いい人なんだ…
大丈夫ですか？
すみませんねェ
何だか 慕われてるし
ぼくはお金 大好きさー！ 君は？
ぼくは…
お金…
す、好き… です…
え？
ひょっこり
呼んだ？

翌々日

あれ、
お金持ちさん!?
元気だなー
やあ!
お金だけじゃなく
人にも慕われてて
元気ハツラツ…
何より…
幸せそう
あんなお金持ちに
なれたらいいな…
ぐっ
そうだ!
まずは自分の
気持ちに
正直になろう
ぼくは…お金《きみ》が
大好きだー!!
だぁ〜
だぁ〜
だぁ〜

僕がこの本で伝えたかったことは、金運を鍛えるということは、決してお金にがめつくなることではなく、誠実に一つ一つコツコツと、やりがいと楽しみを感じながらとり組むことだということです。

ぜひみなさんにも、このことを念頭に金運を鍛えてもらえたらと思います。するといつの間にか「幸せなお金持ち」になっていることでしょう。これこそが、僕が3万人の手相を見て学んだ、幸せなお金持ちに共通する金運マインドなのです。

二〇一八年 師走

手相芸人　島田秀平

著者略歴

島田秀平（しまだ・しゅうへい）

1977年12月５日生まれ。長野県出身。手相芸人。2002年、仕事で知り合った「原宿の母」に弟子入り。芸人活動の傍らで手相の修行を積み、2007年に「代々木の甥」を襲名。特異な才能に溢れる芸能人の手相を片っぱしから鑑定し、ユーモアあふれる「島田流手相術」を完成。「エロ線」「ギャンブル線」「不思議ちゃん線」など、誰もがわかりやすいネーミングが話題を呼ぶ。手相占いの他、怪談・パワースポット・都市伝説にも精通しており、現在、テレビ・雑誌等で活躍中。著書の『島田秀平の手相占い』シリーズ（河出書房新社）は、累計100万部以上を売り上げるベストセラーに。近著に『島田秀平が３万人の手相を見てわかった！「強運」の鍛え方』『島田秀平が３万人の手相を見てわかった！「ご縁」のつかみ方』（ともにSBクリエイティブ）などがある。大妻女子大学OMA講師に就任。ホリプロコム所属。

SB新書　455

島《しま》田《だ》秀《しゅう》平《へい》が３万《まん》人《にん》の手《て》相《そう》を見《み》てわかった！

「金《きん》運《うん》」の鍛《きた》え方《かた》

2018年12月15日　初版第1刷発行

著　者　島《しま》田《だ》秀《しゅう》平《へい》

発行者　小川 淳

発行所　SBクリエイティブ株式会社
〒106-0032　東京都港区六本木2-4-5
電話：03-5549-1201（営業部）

装　幀　長坂勇司（nagasaka design）

本文デザイン　三村　漢（niwa no niwa）

DTP　荒木香樹

編集協力　福島結実子

協　力　高田敏之（ホリプロコム）

イラスト　堀江篤史

印刷・製本　大日本印刷株式会社

ISBN 978-4-7973-9831-1